여기,
그리고
지금

여기, 그리고 지금

발행일	2018년 11월 27일

지은이	나 여 랑		
펴낸이	손 형 국		
펴낸곳	(주)북랩		
편집인	선일영	편집	오경진, 권혁신, 최예은, 최승헌, 김경무
디자인	이현수, 김민하, 한수희, 김윤주, 허지혜	제작	박기성, 황동현, 구성우, 정성배
마케팅	김회란, 박진관, 조하라		
출판등록	2004. 12. 1(제2012-000051호)		
주소	서울시 금천구 가산디지털 1로 168, 우림라이온스밸리 B동 B113, 114호		
홈페이지	www.book.co.kr		
전화번호	(02)2026-5777	팩스	(02)2026-5747

ISBN	979-11-6299-435-1 03680 (종이책)	979-11-6299-436-8 05680 (전자책)

이 도서의 국립중앙도서관 출판예정도서목록(CIP)은 서지정보유통지원시스템 홈페이지(http://seoji.nl.go.kr)와
국가자료공동목록시스템(http://www.nl.go.kr/kolisnet)에서 이용하실 수 있습니다.
(CIP제어번호 : CIP2018038050)

나 여 랑
연극비평

여기,
그리고
지금

작품에서 던진 물음을 확장하여

삶에서 미처 찾지 못했던

의미를 찾는 여정,

이것이 비평批評이다

북랩 book Lab

한국 연극과 비평에 대한 소고

연극 비평을 쓰는 것에 대한 고민은 '무엇을 쓸 것인가?'에서부터 시작되었다. 이 책은 최근 삼 년간의 화두였던, '무엇'에 대한 고민의 과정이 담긴 책이다. 이번 책에는 공연 전문 인터넷 신문 '뉴스테이지'와 '한국경제신문'에 기고되었던 삼십여 편의 비평들을 실었는데 대가의 작품, 신인의 작품, 실험적 작품 등이 다양하게 선정되어 있다.

무엇을 쓸 것인가? 라는 물음에 대한 대답은 '무엇이나 써야 한다.'였다. 비평문을 지면에 인쇄하여 발표했던 과거와 달리 현재는 인터넷 매체를 통해 빠르고 다양한 통로로 비평이 유입될 수 있는 구조적 변화가 생겼기 때문이다. 그러므로 앞으로는 아무리 많은 연극 작품이 쏟아져 나온들 약간의 과장을 보태면, 모든 작품에 대한 비평 글이 생산될 수도 있는 구조가 생성된 것이라고 볼 수 있다.

과거 지면 비평 시대에서는 불가능했던 일들이 지금은 가능하다는 말이다. 그렇기 때문에 '무엇이든 써야 하고, 무엇이든 쓸 수 있다.'라는 것이 인터넷 비평시대를 살아가는 비평가에게 놓인 소명 중 하나라고 생각한다. 그렇기 때문에 이번 비평집 출판의 자리를 빌려 앞으로도 다작을 발표하는 비평가가 되겠다는 약속을 자신과 대중에게 하겠다.

많은 비평이 탄생한다는 것은 많은 작품의 탄생을 의미하기도 하므로 더 많은 연극이 잉태될 자궁을 만드는 초석이 된다. 그러므로 나는 창작자들이 출산한 많은 작품이 그저 탄생에 그치지 않도록 비평으로서 그들을 개성 있게 길러내는 또 다른 '어머니'가 되고자 노력할 것이다. 그런데 이것은 내가 비평을 쓰는 궁극적인 목적이기도 하지만 인터넷 비평 세대가 해야할 일 이기도 하다.

신인들의 작품이나 거장의 작품이나 가릴 것 없이 비평은 어느 작품에나 공평하게 사랑과 채찍을 줘야 한다. 이렇게 하면 신진 예술가가 허물어야 할 업계의 진입 장벽이 낮아져 긍정적 효과를 거둘 수 있을 것이라고 본다.

유명 매체의 광고보다 큰 힘을 가진 블로그는. 개인의 주관적인 성향이 짙은 글이 게시됨에도 불구하고 '공신력 있는 개인의 경험'이라는 강력한 미명 아래 굉장한 경제 가치로 환원되는 힘을 가진다. 이는 비평을 마케팅의 매체로 쓰라는 말처럼 들려 어불성설 같지만, 휴대폰으로 활자를 접하는 오늘날의 관객들에게 주작대로에 걸린 대형 연극 현수막보다는 휴대전화로 독서가 가능한 형태로 가공된 가독성 높은 한편의 비평이 그들을 제 발로 극장에 오게 만드는 힘이 될 것이라고 본다.

연극에서, 본 것과 느낀 것을 글로써 표현하는 자들이 비평가들이다. 그런데 예술가들도 보고 느낀 것을 자신의 방식으로 표현한다. 그렇게 보면 모두가 비평을 하고 있는 셈이다. 그러므로 나의 비평도 예술이요, 작가들의 작품도 비평이다. 따라서 비평을 작품으로 간주한다고 할 때 비평가는 글 안에서 작품과 관객 사이에 선 '해설자'가 된다. 다시 말해 작품을 설명하면서도 인물로서 역할을 하는 '제3의 창작자'가 된다는 것이다.

이런 사고에서 나의 비평은 발단되었다. 연극을 바탕으로 비평을 읽는 모든 관객들이 글을 읽으며 어느새 연극 이후에 벌어지는 새로운 이야기에 들어오기도 하고, 비평가로 대변되는 해설자의 이야기를 일방적으로 듣기도 하는 경험을 이번 비평집을 통해서 하기를 바라는 것이 '나, 너, 그리고 우리의 비평'을 쓰는 궁극성이다.

이번 비평집은 '여기, 그리고 지금'을 중심으로 구성된다. 오늘날 벌어지는 일들 속에 관계를 맺고 있는 관객들이 쉽게 연결될 수 있는 문제들로 시작된다. 따라서 작품 선정을 할 때도 가장 중요시한 단어는 '시의성'이다. 일면적으로나 추상적으로나 오늘날의 관객들에게 사유할 여지를 주고 작품이 끝난 다음 그 사유와 자신의 삶 속에서의 관계를 생각해보도록 장치한 작품을 선택하기 위해 노력했다.

관객과 독자들이 어디에서 어떻게 연극을 접하였든 공연을 그저 보는 것에 만족하지 않기를 바란다. 연극을 보고 난 후 연극과 나, 나와 너, 우리와 연극의 관계를 충분히 통찰하는 과정을 사유하기를 바라며. 시의성에 주목한 비평들이 그 역할을 해 줄 것이라 믿는다. 작품에서 던진 물음을 비평을 통해 확장해 삶에서 미처 찾지 못했던 의미를 찾기를 바라는 마음에서 이번 비평집 '여기, 그리고 지금'을 집필하였다.

2018년 3월 18일 일요일
마드리드에서

차 / 례

제1장

여행, 그리고 나

연극 '춘천 거기'
─ 청춘 남녀가 있는 거기, '춘천 거기'

사랑은 자극적인 것이 뜨겁다. 이러한 뜨거움은 '갈등, 배신, 미움, 용서'를 낳는다. 하지만 '기억, 믿음'도 사랑이다. 연애에 대한 또 다른 정의는 춘천에서의 은근한 사랑의 추억을 이야기하는 연극 '춘천, 거기'를 통해 알 수 있다.

춘천, 젊음에 대한 군상

4월의 어느 토요일, 상봉역 플랫폼은 경춘선에 몸을 싣는 청춘들로 북적인다. 도심에서 꽤 멀어진 외곽 역사 상봉역은 봄을 따라, 설레임을 따라 춘천으로 떠나는 젊은이들의 사랑의 시작점이다. 이렇듯 예나 지금이나 춘천은 뜨거운 젊음의 역사가 탄생되는 특별한 도시다.

10년 전 청춘이였던 이들에게 춘천은 어떤 곳이었을까. 아마도 그때는 경춘선이 없었기 때문에 지금처럼 아무 때나 즉흥적으로 쉽게 갈 수 있는 곳은 아니었을 것이다. 하지만 호반의 도시 춘천은 10년 전 청춘들에게도 사랑이 시작되는 마법 같은 곳이었음은 틀림없다. 10년 전 초연된 연극 '춘천, 거기'가 바로 그 말을 증명하기라도 한 듯 최근에도 성황리에 막이 올랐다.

언제나 할 법한 이야기, 그런데 오늘의 이야기

춘천에 간 아홉 명의 남녀의 일상적인 사랑을 담담하지만 진하게 그려내고 있는 연극 '춘천, 거기'가 10년이라는 세월을 넘어 다시 왔다. 어떤 작품이든 긴 공백 끝에 재공연 되는 연극은 다시 만난다는 기쁨보다는 걱정이 앞서게 되는 것이 사실이다.

10년 전에 나온 연애이야기가 오늘날 얼마만큼의 파장을 줄 수 있을 것인가에 대한 의문은 다시 찾아온 작품에 대한 반가움을 잠식시킬만한 크기의 두려움으로 다가오기 때문이다. 하지만 오는 7월 재 공연된 연극 '춘천, 거기'는 이러한 걱정을 무색하게 할 만큼 '오늘'의 젊음을 보여주기에 충분하다.

무대 위에서 배우들은 소위 '연기'를 하지 않는다. 거꾸로 말하면 '연기하지 않는 것처럼 보이는 연기'를 한다. 표현의 리얼리티를 살리는 방법으로 사실을 왜곡하지 않는 연기 양식을 채택하였다. 그렇기 때문에 무대 위에서 배우들이 내뱉은 말과 그들의 관계 행동은 분명 10년 전 쓰인 희곡 '춘천, 거기'에 기반을 두었지만 관객은 오늘날의 '춘천, 거기'를 볼 수 있다. 게다가 젊은이들이 모일 때면 안주삼아 등장하는 이야기 소재인 이성 이야기와, 술 이야기는 오늘의 젊음을 대변하는 작품으로서의 정체성에 힘을 싣는다.

무대를 통해 강화된 '힐링'의 정서

나무 재질을 활용해 만든 무대 위 공간은 마치 통나무집에 온 느낌이 들 정도로 편안함을 준다. 나무의 이미지로 기인한 이 공간이 주는 따뜻함과 푸근함은 도시의 차가움과 삭막함이란 찾아 볼 수 없을 만큼의 장악력을 발휘한다. 집으로 구성된 공간 이외에 설치된 무대 전면 공간의 벽은 온통 담쟁이 넝쿨로 채워졌는데 나무의 이미지에 초록의 싱그러움을 더해 작품이 도달하려는 궁극의 메시지인 '힐링'의 정서를 강화하는데 일조한다.

가랑비에 옷이 젖듯이

파자마 입은 연인이 오래된 사진을 보며 시시콜콜한 이야기를 건네는 것으로 시작되는 이 연극은 나무 집으로 연출된 네모 프로시니엄 안에서 별것 아닌 이야기를 도란도란 나누는 인물의 대화로 채워나간다. 인물들은 각각 자신의 상처와 사랑에 대해 무겁지도 가볍지도 않게 이야기한다.

기복이란 찾아보기 힘든 이 작품에서 관객이 작품에 몰입할 수 있는 지점은 도대체 어디일까? 게다가 배우들은 관객과 직접적으로 소통하지 않는다. 각자 나타나 자신들의 이야기를 하는 이러한 옴니버스식 연극에서 관객은 인간 군상의 여러 면을 보며 인물의 삶에 자신의 삶을 투영한다.

유부남과의 위태로운 사랑을 하며 번민하는 선영, 애인과 싸웠다 화해하기를 밥 먹듯이 하는 세진, 지난 사랑을 잊지 못해 새 사람을 받아들이지 못하는 수진, 운명의 상대가 있다고 믿는 주미를 통해 관객은 서서히 자신의 지난날은 어떠했는지 생각하게 된다. 그리고 자신도 모르게 질문하게 된다. 나의 연애의 온도는 몇 도인지.

연애의 감정에 대한 강한 메시지를 전달하기 위해 장면의 정서를 고조시키려는 장치로써 억지스러운 음향이나 효과를 넣는 여느 트렌디 드라마와 달리 연극 '춘천, 거기'에서는 배우들의 연기 호흡에만 기대어 작품을 진행한다. 배우와 희곡에 대한 강한 믿음, 그리고 유대가 아니면 나올 수 없는 자신감의 지점이다.

한 쪽에서 계속 있어주었으면 하는 연극 '춘천, 거기'

대학로에는 한 해에도 수십 편의 로맨스 작품이 쏟아져 나오지만 연극 '춘천, 거기'처럼 담담하고 진솔하게, 그리고 번잡스럽지 않게 오늘의 연애에 대해 이야기하는 작품은 흔치 않다.

이는 아홉 명의 청춘 남녀가 다 같이 춘천에 모여 술자리를 갖는 장면을 통해 가장 두드러진다. 이 장면이 보여주는 미장센은 흡사 엠티를 연상케 하는데 엠티의 단골 레퍼토리인 귀신놀이, 진실게임 등의 잔잔한 재미 요소들로 채워진다. 이 부분에서는 인물들의 등 퇴장이 유난히 빈번하지만, 이는 혼란스럽다기보다는 실제 술자리를 떠올리게 할 정도로 사실적이다.

사실적으로 그리기 위해 왜곡된 사실을 연출하여 표현을 매끄럽게 만드는 경우 이러한 연출을 하지 않았을 텐데 이 작품은 사실을 거르지 않고 보여주었다. 대단한 감정 고조나 거창한 장치 없이도 감정의 동화를 불러일으킬 수 있다는 것을 입증한 부분이다. 아는 맛이 주는 끌림으로 울림까지 느낄 수 있었던 연극이 바로 '춘천, 거기'이다.

연극 '터키 블루스'

― 새로운 형식의 탄생, 그 안에 숨은 이론의 향연들

컴퓨터와 통신 기기의 결합으로 대변되는 스마트 폰의 등장은 멀티가 지배하는 세상의 선봉으로써 우리 삶 깊숙이 뿌리박히고 있다. 예술에서도 다양한 방식의 표현이 하나의 플랫폼을 관통하여 드러나는 형태가 서서히 대두되어왔다. 이러한 시류에 부흥하는 맥락 중 가장 대표적인 것은 다원예술이다.

예술계에 불어 닥친 다원화의 바람

다원예술의 형태는 미술에서 기원한 형태인데 평면의 작품들이 나란히 전시되었던 과거의 미술 플랫폼 방식에서 벗어나, 미디어, 입체 작품으로 일컬어지는 설치물, 퍼포먼스와의 결합 등으로 다양한 장르의 예술을 미술이라는 플랫폼에 관통시켜 새로운 부류를 탄생시킨 것을 말한다.

그런데 이러한 '다원화'의 바람은 공연예술계에도 거세게 불기 시작했다. 음악과 연극을 결합한 음악극, 무용과 연극을 결합한 무용극, 영화를 오마쥬하여 뮤지컬을 창작한 무비컬, 새로 음악을 만들지 않고 이미 발표된 가수의 노래를 재가공하여 뮤지컬 넘버로 만든 주크박스 뮤지컬 등이 바로 그것이다.

트렌드의 중심에 서다, 연극 '터키 블루스'

2015년을 전후한 다원적 시도의 공연들이 보여주는 경향은 미리 촬영된 영상을 연기와 함께 노출시키고 기 발표된 음악을 드라마 전개의 주요 위치에 삽입하는 것이다.

영상의 경우 작품의 배경 화면 이상의 역할을 하도록 장치하는데 미리 촬영된 내용을 영화관에서 영화를 상영하는 것처럼 무대 전면에 노출시키는 형태이다. 음악의 경우 극적 정서를 강화하기 위한 보조적 장치로 활용하였던 백그라운드 뮤직의 형태를 벗어나, 인물이 전달하고자 하는 메시지를 담고 있을 정도로 많은 비중을 두고 삽입되는 식으로 전개된다.

이런 맥락에서 볼 때 최근 막이 오른 연극들은 영화와 연극, 콘서트와 연극의 결합을 도모하는 모습으로 표현되고 있다는 설명이 가능하게 되었다. 그 선두에 있는 작품이 바로 연극 '터키 블루스'이다.

세션이 무대에 그대로 존재하여 콘서트 장에 온 것과 같은 분위기를 자아내는 이 작품은 주인공 시완이 자신의 노래를 들으러 온 관객에게 노래와 더불어 자신의 이야기를 풀어가는 방식으로 진행된다. 무대 위 시완의 전면 벽에 설치된 영상장비를 통해 실제 공연의 배경으로 노출된다.

콘서트에서 가수의 얼굴을 가장 먼 좌석에 앉은 관객에게까지 잘 보이도록 장치한 형식과 흡사하다. 콘서트 주인공의 별책부록처럼 시작된 시완의 추억 여행은 노래와 함께 시작되고, 그 추억 안에 존재했던 또 하나의 인물 주혁 역시 터키를 여행했던 자신의 이야기를 하면서 자연스럽게 어린 시절로 타임슬립한다. 시완은 주로 음악을 통해 추억 이야기를 꺼내고, 주혁은 터키 여행을 통해 과거를 되짚는다. 이 과정에서 시완은 유행지난 유행가를 부르고, 주혁은 터키에 대한 설명을 하며 실제 터키 이곳저곳을 담은 영상이 노출시켜 여행 프로그램 같은 분위기를 연상시킨다. 이런 부분은 앞서 언급한 공연의 다원화 시도에 적합한 부분이 아닐 수 없다.

새로운 시도 속에 숨은 이론, '낯설게 하기'

자신의 콘서트를 진행하는 시완과 시완의 추억 속에서 등장하는 주혁은 관객에게 자신의 이야기를 전달하는 정보전달자로 역할 하면서 자신의 이야기 안의 인물로도 존재한다. 따라서 인물은 관객에게 끊임없이 '말을 건다'. 질문을 하고 대답을 유도하는 것이다. 이것이 이 작품의 주요한 진행 방식이다.

그렇기 때문에 이 작품에서 말을 건다는 개념은 콘서트를 여는 한 가수의 정서를 공유한다는 측면에서는 감정이입의 장치로 역할 하지만 인물이 제시하는 드라마 안에 관객이 몰입하게 만들기에는 방해 장치가 되기도 한다.

그런데 일부러 그렇게 장치한 것이다. 관객이 어느 정도 인물의 이야기에 이입할 때쯤 관객에게 말을 걸어 낯설게 하는 것이다. 이것은 일부러 드라마의 구조를 설명하는 해설자를 삽입하여 서사로서의 이입을 막는 브레히트의 '서사극 구조'와 비슷하다. 연극 터키 블루스는 음악과 영상, 그리고 콘서트 형식이라는 새로운 시도를 통해 다원화의 선봉에 선 작품이라 평가 받을 수 있으면서도 이러한 새로운 시도 안에서 잔뼈 굵은 이론이 중심에 자리하고 있는 매력덩어리 작품이다.

그러나 이 공연을 두고 이입하기가 힘들다는 평가를 내린 관객이 있다면 아마도 이런 장치들 때문에 이입이 힘들다고 느낀 것이라고 본다.

관객에게 말을 걸기 가장 좋은 무대, 돌출 무대

연극 '터키블루스'가 공연된 대학로 아트센터는 사면무대로 무대를 활용하는 것이 가능한 구조의 극장이다. 그런데 이번 작품에서는 이 공간을 절반만 활용하였는데 원래 사면무대였기 때문에 돌출무대가 가능한 곳이다. 즉, 마당극처럼 객석과 무대의 경계가 모호한 무대 배치가 가능하다는 말이다.

그래서인지 시완과 주혁은 노래를 하며, 이야기를 하며 관객과 원활히 소통한다. 관객에게 말을 걸기 가장 좋은 무대에 서 있기 때문이다. 주혁은 자신이 여행했던 정보와 정서를 공유한다. 아는 사람의 터키 여행기를 쭈그리고 앉아 듣는 그런 분위기 연출이다. 고등학교 2학년의 시완이 기타를 배우는 장면과 관객에게 터키 커피를 권하며 함께 커피를 마시는 장면 역시 배우가 관객에게 적극적으로 말은 거는 장면 중 하나이다.

시완은 과거의 자신으로 행동하면서도 관객에게 끊임없니 자신의 감정을 이야기하고 이에 대한 반응을 이끌어낸다. 혼자 생각하고 혼자 행동해버리는 이전의 연기 표현과는 다른 형태이다. 인물과 관객이 같은 정서를 공유하는 가장 쉽고 자연스러운 방법이 드러난 장면이라 할 수 있다.

제4의 벽을 허무는 방법, '극장을 어슬렁대라'

관객에게 끊임없이 말을 거는 이 작품은 객석과 무대의 거리 역시 짧았다. 객석에 앉았다 무대로 돌아갔다는 반복하며 과거 시완에게 말을 거는 장면을 통해 잘 드러나는데, 이 장면에서 주혁은 극장을 아주 자유롭게 어슬렁댄다. 주혁은 분명 시완에게 말을 걸었지만 객석에 앉아서 무대에 위치한 인물에게 말을 걸었기 때문에 객석과 무대의 물리적, 심리적 거리는 좁아지고 제4의 벽이라 일컬어지는 객석과 무대의 경계는 허물어진 효과를 가져왔다.

터키는 음악, 음악은 추억, 나와 당신과 당신의 추억, 추억이 만나는 곳 그곳, 터키

작품을 보면 터키의 방방 곳곳을 다 둘러 볼 수 있다. 마치 터키 관광 다큐를 본 것과 같다. 스펙터클한 여행기를 기대했다면 실망할 만한 잔잔함으로 담담하게 풀어나간다. 심지어 인물들의 전사에 초점이 있는지 여행기에 초점이 있는지 잘 알 수가 없기까지 하다.

이는 시완은 추억에, 주혁은 음악에 초점을 드라마를 전개하는 이중플롯의 형식으로 연극이 진행되기 때문이다. 하지만 이렇게 서로 다른 두 사람의 이야기를 한 작품에 저마다 풀어낸 형식으로 작품을 만든 것은 이유가 있다. 각자의 방식으로 지난 시간에 대해 이야기하는 두 남자를 통해 두 인물이 함께 존재했던 같은 추억을 '터키'라는 키워드를 통해 만나게 하기 위해서였다. 그렇기 때문에 수많은 나라 중에 '터키'가에 대해 다룬 작품이 탄생하게 된 것이다.

시완과 주혁의 추억 안에 살아 숨 쉬는 시간을 소환하기 위해서는 터키가 그 중심에 있어야 하기 때문이다. 시완으로 대변되는 음악은, 음악적 영향을 많이 끼친 주혁으로 치환되고, 주혁의 인생에 많은 영향을 끼친 터키 여행은 시완과 함께했던 어린 시절의 추억으로 치환되는데 관객들은 이러한 연결고리를 지켜보며 어느 순간 나와 나의 추억, 나의 사람을 연상하게 된다. 이것이 바로 이 작품이 관객에게 주는 메시지이다.

그러므로 반절만 구획화한 무대 전면 벽에 거울을 설치하여 이를 통해 관객이 공연 내내 힐끗 힐끗 자신의 모습을 볼 수 있도록 만든 점은 연극의 목적성에 도움이 되는 부분이라고 할 수 있다.

연극 '인디아 블로그'
— 청춘 시리즈의 끝판왕

누구든 낯선 곳에 가면 청춘이 된다. 낯선 곳도 어느 순간 익숙해지면 시시해진다. 누구나 청춘이 되는 그곳 '인도'에서 시작된 '나'의 이야기, 연극 '인디아 블로그'.

여행 서바이벌 예능이 뜬다

정글의 법칙, 꽃보다 청춘 등 인기가 많은 예능 프로그램의 공통점은 여행지에서 벌어진 돌발 상황을 중심으로 진행이 된다는 점이다. 이렇듯 요즘 예능 프로그램의 추세가 이른바 '여행 서바이벌'로 흘러가고 있기 때문이다.

이 때문에 예능에서 방영된 여행지에 대한 여행 문의가 빗발치고, 비행기 가격이 폭등하는 기현상도 일어났다고 한다. 여행 서바이벌 예능 프로그램의 인기 원인은 벗어나기 힘든 일상의 하루를 누군가 대신 일탈하고, 새로운 환경에 적응하는 모습을 지켜보며 대리만족과 함께 자신의 삶의 주체성을 자연스레 돌아보게 되는 계기가 되기 때문일 것이다.

수다로 시작된 인도 여행

여행 예능이 유행하기도 훨씬 전부터, 연극 향유층 사이에서 잔잔한 소용돌이를 몰고 다닌 작품이 있다. 인도 여행을 중심 소재로 다룬 연극 '인디아 블로그'가 그 주인공이다. 배낭을 멘 두 남자는 서로 자기가 여행한 곳에 대해 할 말이 너무나 많은 듯하다. 그렇게 연극이 시작되는 조금은 새로운 작품이다.

암전도 하지 않은 채 구렁이 담 넘어 가듯 관객에게 인도 여행을 동참시키는 연극 '인디아 블로그'의 연극적 표현 도구는 '수다'이다. 수다의 80퍼센트는 여행에서 일어난 일이며, 인도로 빠져들게 만드는 또 다른 도구는 인도 영상이다. 관객은 자기 이야기를 하는 두 남자와 그들이 찍어온 영상을 보며 나도 모르게 과거로 이동한다.

관객 공감을 이끌어내는 방법, 객석의 무대화

관객 옆에 앉기, 말 걸기, 관객들을 공연 진행의 하나의 역할로 일임하기 등의 서슴없는 행동들은 이 작품이 관객과 소통하기 위한 도구로 활용됐다. 인도 전통 차를 관객과 함께 마시기도 하고, 갠지스 강에 띄워 소원을 빈다는 '디아'라는 인도 전통 꽃등을 나누어 주며 소원을 비는 장면이 바로 이런 부분이다. 게다가 객석까지 무대를 확장하여 관객을 극적 요소로 일임함으로써 관객들도 극 안의 일부로 참여하도록 자연스럽게 유도한다.

이로써 연극 '인디아 블로그'는 관객 소통에 성공했을 뿐만 아니라 관객 스스로 공연에 대해 생각하며 자기 자신에 대해서도 생각할 수 있는 여지를 풍부하게 제공했다는 점에서 여타의 참여적 연극과는 다른 성격의 소통 방식을 보여줬다는 평가까지 가능하다.

시각적 미장센을 강조한 감각적인 감각

　사실 관객들은 배우들의 이야기와 영상 없이도 이미 극장에 입장하는 순간 '인도'를 느낀다. 온통 인도 풍으로 꾸며진 무대와 극장은 극적 전개에서 실제로 사용되지 않는 공간까지도 '인도스럽게' 꾸며져 관객들로 하여금 충분히 인도를 느끼게 한다. 관객의 감정이입을 위한 미장센 연출에 성공한 무대 디자인이라고 볼 수 있다.

　이렇듯 시각적 미장센을 강조한 측면은 완전한 암전을 한번만 연출한 조명에서도 찾을 수 있다. 금방이라도 쏟아질 만큼 많은 별이 떠 있는 인도의 밤하늘을 암전과 알전구로 연출한 장면이 바로 그 부분이다. 객석 위 천장에 듬성듬성 인도 풍의 조명 갓이 씌워진 조명을 달아 인도의 분위기를 자아낸 부분도 이러한 미장센 연출에 일조한 부분이다.

베스트셀러 여행 연극 '인디아 블로그'는 이제 스테디셀러가 될 것이다

　'여기에서는 그래도 돼요. 인도잖아요.'라는 말이 유난히 많이 나오는 이 작품의 여행지는 왜 하필 인도였을까? 아마 모두가 궁금해 했을 질문에 대해 연극이 끝날 때까지 그 누구도 묻지 않았고 그 누구도 대답하지 않았다.

왜 인도를 택하였는지는 중요한 문제가 아니라는 점을 모두가 알고 있었기 때문이다. 작품에서 이야기하고 싶은 것은 인도에 대한 찬양이나 소개가 아니라 인도에서 느끼고 보고 만난 것들에 대한 정서와 그 이후에 남은 감정들에 대한 메시지이다.

그래서인지 이 작품에서 노출되는 영상은 한편의 다큐멘터리를 보는 것처럼 다양하고 자세하고, 솔직하다. 배우들 역시 과장된 연기가 아닌 그냥 '말'로 자기 이야기를 늘어놓는다. 심지어 이렇다 할 드라마도 강조되지 않는 것이 이 연극의 특징이다. 드라마보다 여행을 강조하면서 여행지에서 느낀 당시의 정서를 풍부하게 느끼도록 연출한다. 이런 점에서 인디아 블로그는 앞으로도 끊임없는 약진 행렬이 계속될 것으로 기대되는 작품이다.

연극 '제주일기'
― 도시 사람들이 사랑하는 섬 제주

제주에 가면 '나'는 사라진다.
'제주에 간 나'만이 존재한다.

우리는 누구나 '비행기 타기'를 좋아한다

우리 말 중에 '비행기를 태운다'라는 말이 있다. 누군가가 상대방을 크게 칭찬하여 칭찬받는 당사자가 매우 기분이 좋아지는 상태를 이르는 말이다. 그래서 우리는 누구나 '비행기 타기'를 좋아한다.

우리나라에서 최고의 관광지인 제주 역시 대부분의 관광객들이 비행기를 타고 간다. 제주는 이국적이 풍경이 매력적인 곳이지만 아마도 비행기를 타고 가기 때문에 더욱 사랑받는 관광지가 된 것 같다. 삶에 지친 사람들이 비행기를 타러 공항에 가면 이미 멀어져 버린 일상에 기분이 들뜬다. '비행기 태운다' 라는 우리말처럼 비행기를 타면 영락없이 마음이 설렌다. 그러니 어느새 비행기를 타는 행위는 제주가 가진 수만 가지 매력 중하나로 자리 잡았다.

여기, 그리고 지금

그래서인지 초연 중인 연극 '제주일기' 역시 작품의 시작과 끝을 제주 공항으로 설정하여 제주 여행이 가진 설렘의 감정을 앞과 뒤에 적절히 배치하였다.

제주 여행, 옴니버스, 너, 나, 우리의 이야기

연극 '제주일기'는 보는 내내 제주를 여행한다는 착각이 들 정도로 제주의 아름다움이 무대를 장악한다. 제주의 아름다운 풍경은 영상을 통해 아주 사실적으로 표현되는데 대형 화면 세 개를 무대 전면에 이어 붙여 거대한 스크린을 설치해 제주 곳곳을 보여준다.

그래서인지 별 다른 장치 없이 영상과 조명, 배우의 움직임을 통해 대부분이 표현된다. 이렇듯 명소를 하나하나 보여주며 택한 방식은 역시나 옴니버스다. 다양한 사람들이 다양한 사연으로 제주에 오고, 제주 곳곳의 매력을 발산하기 위한 너무도 당연하고 안정적인 선택이다.

제주하면 한라산

제주하면 빼 놓기 서운한 한라산은 한라산 올레길 코스에 리본 달기 작업을 하는 소방대원들의 이야기로 꾸며진다. 이 장면에서는 스크린을 통해 실제 한라산 영상이 배경이 되고 소방대원으로 등장한 배우들은 스크린 앞뒤를 걸으며 마치 실제로 산속에 가 있는 듯한 사실적인 구현을 한다. 관객은 마치 올레길을 함께 걷는 듯한 착각이 들 정도다.

그러나 이 부분은 서울에서 전직한 소방대원의 개인사가 대사로서 너무나 길게 표현되어서 지루한 느낌을 준다. 사고 현장에서 겪은 소방대원의 트라우마에 대한 이야기는 꼭 제주가 아니어도 할 수 있어 보였다.

어쩌다 보니 제주, 어쩌다 보니 어른

길을 읽은 젊은이 둘의 '어쩌다보니 제주'에 온 이야기에서는 사려니 숲을 배경으로 두 청년이 길을 찾는 과정을 보여준다. '멈추는 게 제일 나빠, 흔들리면서 나아가는 거야.' 라는 말을 화두로 두 젊은이가 길을 찾는 과정은 별다른 스펙터클 없이도 작품을 보는 젊은이들에게 큰 공감을 불러일으킨 장면이었다. 앞서 언급한 소방대원의 개인사는 정말 특정한 개인의 개인사로 보이기 쉽고, 두 청년의 이야기는 모든 청년이 겪는 갈등과 고뇌가 부각된다는 점에서 그 목적성이 명확하게 다르다.

좌절, 선택, 그러나 제주 바다

제주의 푸른 바다를 실컷 볼 수 있었던 장면은 힐링용 드라마에 반드시 있을 법한 캐릭터인 실패한 가장의 자살 시도 이야기에서였다. 바다에 뛰어들어 생과 사를 넘나드는 인물을 실제 영상으로 촬영한 뒤 상영하여 거친 바다와 파도 속에 갇혀 매일을 견디는 현대인의 고통을 대변하였다.

고기잡이를 가서 일 년째 소식이 없는 아버지를 기다리는 해녀에 의해 구조를 받고 그녀의 도시락을 먹으며 용기를 얻는다는 설정이 진부하다는 점이 아쉬웠지만, 자연과 닮은 소녀에 의해 위로를 받는 인물은 분명 도시에 사는 관객 모두의 자화상이라는 점에서 수긍이 간다.

나의 이야기, 너의 이야기, 그리고 모두의 이야기

이 작품에서 발견한 재미있는 부분은 작가가 등장하는 부분이다. 아마도 제주 일기의 작가가 자신의 자전적 이야기를 작품을 통해 한 것이 아닌가 하는 생각이 든다. 언제 어디서나 무언가를 적고, 이런 노트거리들이 빼곡하게 차 있는 작가의 수첩은 작가들의 숙명이면서도 끊을 수 없는 자기 고립의 고리가 되기도 한다.

작품 속 인물로 등장한 작가나 실제 작가, 그리고 이 세상 모든 작가들은 수첩을 던져버릴까 말까 하루에도 수없이 고민하지만 그러지 못하고 자신과의 갈등과 매일 투쟁할 것이기 때문이다. 그렇기 때문이 이 부분은 매우 흥미로웠다. 자신의 고뇌를 인물로 치환하여 상징적으로 표현한 점이 인상 깊기 때문이다.

제주의 시간에 대한 갈증

제주가 힐링의 섬, 위안의 섬임은 분명하다. 그러나 좀 더 '제주스러운' 이야기로 꽉 채웠으면 어땠을까 하는 아쉬움이 있다. 대부분이 서울에서 제주로 내려온 사람들에 대한 이야기이다. 관객의 공감을 사기에는 충분했으나, 제주 사람들, 제주 음

식 등 제주의 시간에 대한 낯섦은 신선한 자극제가 되어 더 큰
생동감을 불러일으켰을 것이다. 후속 작품이 발표된다면 이런
제주의 시간에 대한 이야기가 담긴 작품이 나왔으면 하는 바
람이다.

제2장

현실과 망상의 괴리

뮤지컬 '명동 로망스'
─ 창작 뮤지컬이 나아가는 정도正道, 뮤지컬 '명동 로망스'

목마는 하늘에 있고
방울소리는 귓가에 철렁거리는데
가을 바람소리는
내 쓰러진 술병 속에서 목메어 우는데

_ 박인환 시 '목마와 숙녀' 중에서

예나 지금이나 젊음의 거리, 명동

　1950년, 많은 예술가들은 명동에 모여 전쟁 즈음의 허무와 혼동에 대해 자신들의 방식대로 토로했다. 시인 박인환 역시 명동의 번화함을 가르며 세상에 팽배한 허무와 괴리에 대해 이야기했다.

　오늘날 명동 역시 주말마다 젊은이들로 북적이는 번화가 중 한 곳으로써 아직도 많은 상권과 높은 땅값을 자랑하며 번화했던 지난날의 명성을 고스란히 이어가는 중이다. 그런 명동에서 매일 똑같은 일상과 마주하는 한 젊은이 산호를 중심으로 뮤지컬 '명동 로망스'는 시작된다.

명동이 가진 상징성을 잘 활용하지 못한 아쉬움

청년 실업 문제가 팽배한 한국에서 바늘구멍만큼 좁다는 공무원 시험에 합격한 산호는 명동 사무소 직원으로 발령을 받게되고, 산호의 하루는 여느 공무원들의 삶처럼 반복의 연속이다. 그런 산호가 우연한 계기로 톱니바퀴 같은 일상을 벗어나 시간여행을 떠나게 되는 것이 이 작품의 도입이다.

무료한 삶에 찾아온 단비 같은 시간 여행은 흔한 드라마의 판타지 공식 제1호 정도 되는 것 같다. 정형화된 방식으로 드라마적 판타지를 진행시키니 진행은 물 흐르듯 잘되지만 어떤 이야기가 펼쳐질지 너무나 뻔하다는 점에서 아쉽다.

타임 슬립 장면 역시, 시계 문양으로 만들어진 조명 장치가 빙글빙글 거꾸로 돌면서 시간이 거꾸로 흐르는 장면을 표현하여 인물이 시간여행을 하는 구현한 것도 진부한 표현이다. 물론 영상 안에서 쉽게, 그리고 자주 등장할 법한 영화적 판타지를 무대 위로 가져오려니 나타난 한계라고 볼 수 있다. 하지만 영화적 판타지를 무대 위에서 시도한 것 자체는 신선함이 있다.

작품이 도입에서 산호라는 인물을 통해 하고자 했던 말은 반복적 삶에 치어 살아가는 목적을 잃은 젊은이의 하루에 대한 이야기다. 이 메시지를 보다 효과적으로 전달하려면 오래전부터 젊은이의 거리로써 명맥을 잇고 있는 명동이라는 지역이 가진 상징성을 적극 활용하는 방법도 있었다.

많은 화려한 명동의 상권과 빠르게 지나치는 젊은이들 사이에서 외롭고 지친 산호의 모습을 자연스럽게 보여주는 것이 바

로 그것이다. 이는 뮤지컬 '명동 로망스'가 작품 제목을 '명동'로
망스라고 지은 데서 나오는 의미를 더 잘 부각시킬 표현이기도
하기 때문이다.

뮤지컬과 연극 사이에서의 '썸'띵, 명동로망스

시간여행을 떠난 허구의 주인공이 실재하던 인물들을 만나
게 된다는 설정은 많은 정보와 설명이 필요한 요소를 많이 지
닌 이야기다. 게다가 이 작품은 장르가 뮤지컬인 만큼 자칫 잘
못하면 전달성이 떨어지는 것에 대한 논란에 휘말릴 가능성도
있다.

그런데 이 작품에서는 전달성의 취약함을 선행하여 인지하
고, 정확하게 보완한 점이 인상 깊다. 보통 뮤지컬에서는 노래
가 이야기 진행의 주요한 변곡점으로 작용하는데 이 작품에서
는 남발되지 않고 변곡의 지점에만 적절히 삽입되었다. 또한 각
노래의 경우도 장면별 상황별로 다른 어조, 다른 분위기를 살
려 만들었다는 점에서 창작품으로써 높은 평가를 받을 만한
자격이 충분하다.

다시 말해 노래를 아끼고 연극성을 살린 작품이고 말할 수
있다. 이중섭이 등장하는 장면이 특히 그러하다. 이중섭에 대
한 인물 묘사의 경우 독백 장면을 많이 넣되 대사보다는 그가
작업실에서 작품에 대해 몰두하고, 가족을 그리워하는 정서를
표현하는 데 많은 분량을 할애했다. 게다가 이중섭의 정서를
표현하기 위한 부분은 주로 노래로 처리했다.

이중섭이 일본에 있는 아내 남덕과 자식들을 그리워하는 노

래의 경우 이 장면의 주요 정서인 그리움을 잘 전달하기 위해 멜로디의 미학보다는 가사의 전달에 치중하여 말하는 듯한 언어로 노래했다. 만일 모두 같은 창법으로 노래하였다면 '노래를 위한 노래'가 되어 감정 이입도와 전달력이 낮은 졸작으로 전락했을 것인데, 이 작품은 이미 창작 단계에서 이러한 지점을 경계한 흔적이 보인다.

시간 여행을 떠난 관객들이 본 것, 자화상

오늘을 사는 산호가 우연히 떠난 시간여행을 통해 만나고 온 세 예술가는 소위 '고학력 실직자'들이었다. 노동을 하며 경제 활동에 이바지하지도 않고 커피나 마시며 예술을 운운하는 박인환, 전혜린, 그리고 이중섭을 두고 하는 말이다.

그런데 과거를 살았던 세 명의 예술가들의 모습은 오늘날 젊은이들의 군상과 상통하는 면이 있다. 현재를 사는 젊은이들 역시 자의 반 타의 반으로 자신들의 지식과 능력을 적절히 활용하지 못하고 경제 인구로서 역할을 제대로 하고 있지 않다는 점에서 현실과 닮아있다.

'이 모든 괴로움을 또 다시'

시대는 다르지만, 전쟁 즈음의 혼란과 허무에 번민하는 과거의 예술가들은 오늘을 사는 젊은이들의 자화상이다. 달라진 점이라면 세상을 바라보는 젊은이들의 태도이다. 과거의 젊은이들은 문학, 시를 통해 사회 문제에 대해 논하고 개혁의 시각에

날을 세우는 시도를 했다.

이 작품에서 역시 세 명의 유명한 예술가들의 입을 통해 당대의 의복과 말투를 고스란히 재현하여 증언하듯 당대의 문제에 대해 논하는 장면이 빈번하게 등장한다.

그런데 오늘날 젊은이들은 이러한 시도가 없다. 문제에 대한 고민도 없고, 문학을 음미하는 여유도 없다. 사회의 변화에 따른 자연스러운 흐름이라고 볼 때 누구를 탓할 것은 아니다. 그래서 이 작품은 현실을 개탄하기라도 하고, 더 나아가 바꾸어 보자는 메시지를 은연중에 발설한다. 그러한 부분은 과거의 젊은이와 현대의 젊은이를 만나게 하는 판타지의 지점에서 여실히 드러난다.

이 판타지가 의미 있는 이유는 과거의 젊은이가 현대의 젊은이에게 던지는 메시지가 전달된다는 점에서 그렇다. 과거의 젊은이들은 자신의 현재에 관심을 갖기 때문에 사회문제에도 관심이 있다. 그래서 미래에서 온 산호에게 지속적으로 자신들의 미래를 묻는다.

그 질문에 '역사를 몰라서 답해드릴 수가 없어요.'라는 말로 일관하는 산호는 과거의 젊은이들에게 일침을 당한다. 이에 과거의 젊은이들은 '역사를 모르며 사는 일은 자기 세계가 없는 삶'이라고 응수하는데, 이것이 바로 과거가 현재에게 주는 일침이며 오늘날 관객에게 던지는 메시지이다. 이 부분은 과거 유명한 예술가라 기록된 박인환, 전혜린, 이중섭의 입으로 직접 전달된다는 점에서 특히 재미가 있다.

무엇에 목숨을 걸어야 하는가

반면 미래에서 온 젊은이 산호가 과거에게 던지는 말은 '죽음' 이다. 그런데 이 엄청난 말에 과거의 젊은이들은 무엇에 목숨을 걸어야 하는지에 대해 이야기한다. 박인환, 전혜린, 이중섭은 '자기 세계가 없는 세상에서 살 가치를 못 느낀다며 떠나지 않고 죽음을 맞이하겠다.'는 일관된 반응을 보인다.

이는 몇 달 뒤 죽을 운명에 놓인 젊은이들이 자신의 삶에 대해 어떻게 태도 하는가를 보여주며 오늘날 예술가들이 어떻게 살아야 하는가를 보여주는 대목이다.

과거의 예술가들은 물리적 죽음 앞에 서 있으면서도 저런 숭고함을 보였지만 오늘날의 젊은이들은 사고의 죽음 앞에서 방황한다. 우리가 나아가야 하는 방향에 대해 매우 주지적으로 표현한 장면이 아닐 수 없다.

작품에 대한 언급이 많았다면 좋았겠다

유명한 예술가들이 셋이나 등장한 이 작품에서 예술가들의 작품이 제대로 언급되지 않았다는 점은 아이러니하면서도 너무나 아쉬운 부분이다. 만일 우리에게 잘 알려진 그들의 작품에 대해 언급하며 작품이 전개되었다면 이입도가 높고 재미있었을 것이다.

산호라는 현대의 인물을 중심으로 이야기가 전개되었기 때문에 무게 중심이 현대의 인물에게 실렸던 점은 십분 이해가 가지만 작품을 통해 흔하게 접할 수 없는 1950년대와 그때의 예술에 대해 보다 풍부하게 보여주지 못하고 시대의 분위기만 조

금씩 보여주고 그쳐버린 점에서 그때를 더 알고 싶다는 미련이
남는다.

연극 '맨 끝 줄 소년'
─ 누구나 한번 쯤 '다름'을 꿈꾼다

붙박이 장롱 뒤편으로 새로운 세계가 존재할지도 모른다는 상상, 누구나 한 번쯤은 해 본 적이 있을 것이다. 매일 보는 익숙한 공간에서 낯선 세상에 대해 동경을 하는 것은 어느 순간부터 패턴화되어버린 일상을 버텨내기 위한 일종의 '상상 일탈'이다.

일상 속 '다름'에 대한 이야기를 '다르게' 풀어나간 맨 끝 줄 소년

작품 속 클라우디오는 수학과 과학 문제를 척척 풀어내야 하는 의무를 강요당한다. 그가 자신의 과업인 학교 공부에서 탈출하고자 택한 것은 '글쓰기'다.

교사 헤르만은 이런 클라우디오에게 관심을 갖는다. 교사 헤르만은 반복되는 학교생활에 염증을 느끼며 새로운 문학적 표현 방식을 연구하고 있었다. 연극 '맨 끝 줄 소년'은 클라우디오에 대한 교사 헤르만의 관심에서 시작된다. 클라우디오는 지나치게 솔직하고 과감한 문체로 친구 라파네 어른들의 이야기를 써 내려간다.

클라우디오의 글은 강요된 틀 안에서의 삶을 벗어나고자 하는 혁명적 몸짓이다. 그는 세상을 자기 방식대로 바라보고 자기 방식대로 이야기하려 한다. 그런데 이 작품에서는 '다르게 보기', '다르게 말하기'를 조금 다른 방식으로 풀어나간다.

현실과 상상의 경계 허물기를 시도한 무대 디자인은 신의 한 수

클라우디오로 대변되는 '다르게 말하기'에 대한 욕망은 라파네 집에서 일어나는 사건에 대한 거침없는 묘사를 글로 표현하는 것부터 시작된다. 처음에는 클라우디오의 표현 욕구가 강렬하게 드러나지 않는다.

작품은 교사 헤르만에게 제출하는 작문 과제로 노출되는 클라우디오의 글을 재현한다. 그 재현은 그의 글에 나오는 전사를 설명하기 위한 재현이라고 여겨진다. 그러나 재현된 이야기들이 현실의 공간으로 상징되는 무대 전면으로 나오면서 클라우디오의 상상 일탈은 현실과 상상의 경계를 깨버리게 된다.

이 경계 허물기는 무대 전면에 반투명의 검은 유리문을 설치해 연출된다. 조명은 배우의 연기 구역에 따라 한정적으로 조명을 비춘다. 작품은 학교라는 현실의 공간에서 상상의 이야기를 끄집어내기 위해 이면의 공간을 만든다. 그런데 흥미로운 점은 이런 이면의 공간에서 인간 근원에 대한 이야기를 한다는 점이다.

마술적 사실주의에 대해 이해한 연극 '맨 끝 줄의 소년'

스페인 문학은 유독 벽장의 요정이 살고 있다는 동화, 나무의 정령에 대한 이야기가 많다. 스페인 문학이 가진 특징인 '마술적 사실주의'는 이번 작품에서도 언급하지 않으면 섭섭할 사조다. 원작자는 일상의 공간에서 발생하는 '다름'에 대한 이야기를 '글쓰기'와 '욕망'이라는 키워드로 풀어나간다.

이번 작품은 무대의 적절한 활용을 통해 현실의 공간과 상상의 공간의 경계를 허무는 연출을 통해 원작의 키워드를 확실히 살렸다는 점에서 인상 깊다.

과도한 친절이 부른 지루함

일상 안에서 찾을 수 있는 새로움에 대한 이야기는 일상의 지루함에 찌들어 사는 오늘의 우리의 공감을 사기에 충분한 소재다. 게다가 현실 공간 곳곳에서 상상으로만 가능했던 일들을 벌이는 이 연극은 더욱 매력적이다.

그러나 그 방식이 다소 설명적이었다는 점에서 아쉬움이 남는다. 상상 속의 일로 범주화되었던 일들의 재현을 유리 벽 뒤쪽 공간에서 구현했을 때 인물 간의 대화를 대폭 줄이고 움직임 위주로 연출을 했다면 훨씬 흥미로웠을 것이다.

무대 자체도 실루엣이 보일락 말락 하는 연출이 가능했기 때문에 충분히 시도 해봄직한 부분이다. 인물의 전사나 심리에 대한 부분이 배우의 입을 통해 전달된 경우가 대다수였다는 점에서 아쉽다.

연극 '거미여인의 키스'
— 생존의 기로에 선 인류의 발명품, '사랑'

미워한다는 건, 사랑받고 싶다는 말이다.

타인에 대한 혐오, 그리고 테러

몇 달 전 한국의 19살 소년 김 군이 시리아에 밀입국한 일을 두고 우리나라에서도 IS에 대한 인지도가 생겼고, 김 군의 행태를 모방하는 이들이 생겨날 것을 대비한 우려를 했던 것도 사실이다. 통상적인 사고의 회로를 가지지 않은 소수의 개인에 의해 나라 전체가 테러의 위험에 빠지게 되는 것은 아닌지에 대한 목소리가 커지면서 정부가 IS에 관심 갖는 이들에 대한 소탕 작전까지 벌여야 한다는 여론도 나왔었다. 하지만 이념이나 사고의 충돌로 인해 대두된 저항 단체가 일으키는 범죄는 실제적인 물자지원이나 영토의 획득 등의 경제적 이익보다는 그들의 뇌리 깊은 곳에 깃든 증오를 해소하는 데 초점이 맞추어져 있는 경우가 많아 그 양상이 날로 잔인해져 간다.

단적인 사례로 파리에서 일어난 무차별 테러의 과정과 김 군이 IS에 가입하게 된 계기만을 보아도 알 수가 있다. 국적과 종교를 묻고, 대답을 듣고 나서 자신들과 대립하는 국적과 이념을 가진 이들은 모두 사살해버렸다.

소속집단과 다른 사고를 가진 이들을 전부 '혐오적 타인'으로 간주한 데서 나온 행동이라고 볼 수 있다. 소극적인 소년이었던 김 군의 경우도 비슷한 양상을 읽어낼 수 있다. 어린 시절 동안 김 군에게 가해진 여성들의 무관심은 김 군이 여성을 혐오하게 된 결정적이 계기가 되었고, 이는 세상에 대한 혐오로 번져 자신의 존재감을 어떻게든 피력하지 않고는 견디지 못할 만큼의 증오가 쌓이게 된 것이 김 군의 IS 가입 동기이기 때문이다.

인류가 공생하기 위한 최대의 발명품, 사랑

좁고 어두운 방 안에 언제부터 놓여있었는지 세월조차 가늠하기 어렵게 만드는 누더기 같은 이불을 덮고 매일 같은 시간에 잠을 청하는 저항 청년 발렌틴 역시 김 군과 다를 바 없는 인물이다. 정치범으로 잡혀 들어온 발렌틴은 외부의 빛이라곤 한 줄기도 없는 갑갑한 감옥에서조차 자신의 이념이 희석될 것을 두려워하며 스스로를 다그친다.

하지만 발렌틴은 이념도, 국적도 잊게 하는 흥미진진한 영화 이야기를 해서 사람의 혼을 빼놓는 룸메이트 몰리나를 통해 진짜 '자기감정'에 대해 눈을 뜨게 된다. 자신에게 약을 먹여 거짓 자백을 받아낼지도 모른다는 생각을 할 정도로 타인을 경계하는 발렌틴이지만 몰리나가 보여주는 진솔함에는 무장해제 된다. 몰리나는 성 문란 죄로 수감된 게이 남성이지만 완벽한 남자와의 완벽한 삶을 꿈꾸는 '보통 여자'의 삶을 원한다.

단정적인 성향의 발렌틴과 여성적인 성향의 몰리나가 서로에게 끌리게 되는 것은 당연한 양상이다. 게다가 발렌틴과 몰리나는 육체적 사랑을 통해 절대 고독에 의해 절제되었던 욕망을 해소하였기 때문에 표면적으로는 그렇고 그런 동성애 소설이라는 평가를 받을 소지도 많다. 하지만 이 둘이 나눈 사랑은 성욕에 눈이 먼 두 청춘의 육체 행위 그 이상의 의미를 가진다. 그 의미는 바로, 인간이라면 본능적으로 가진 절대고독에 대한 근원적 갈망이다.

원작의 장점과 연극의 매력 사이에서 아슬아슬한 줄타기

연극을 통해 관객 앞에 나타난 발렌틴과 몰리나의 사랑은 소설에서보다 흥미진진하지는 못했다. 같은 장소에서 같은 인물과 특별한 동선이나 변화 없이 극을 진행해가야 하는 연출이 주는 지루함을 어쩔 수가 없다.

그러나 원작에 충실한 이 연극이 해야만 했던 불가피한 선택이라고 본다. 게다가 이러한 기복 없는 연출은 원작이 가진 담담함에 숨겨진 두 남자의 심리 변화와 위태로움을 소설보다 섬세하게 드러내는 데 충분했다는 점에서 긍정적이다.

발렌틴의 경우 남성적이고 의지적인 성격을 드러내는 인물로 일관된 모습을 보여주었다. 하지만 몰리나가 떠난다는 말을 듣고 나서는 사랑의 감성 휩싸여 판단력이 흐려진 어린 여성의 정서를 그대로 드러내듯 사춘기 소녀처럼 떼를 쓴다.

그런데 머리에 두건을 쓴다든지, 발렌틴에게 요리를 해준다든지, 여성적인 말투와 태도를 보여주며 여성성을 강조하는 인물로 일관되었던 몰리나는 정치범인 발렌틴의 행적을 알아내라는 상부의 지령과 자신의 감정 사이에서 발렌틴을 보호하려고 스스로의 감정을 철저히 숨기는 단호한 태도를 보인다.

이런 모습은 발렌틴보다도 남성적인 모습이다. 원작에서 보여준 인물의 특성을 연극에서 그대로 살려 표현한 지점이다.

관찰형 힐링 연극 '거미여인의 키스'

여느 관객들은 발렌틴과 몰리나가 폐쇄된 공간에서 계속 같은 이야기를 반복적으로 나누다가 끝나버린 지루한 작품이라 평할 수도 있겠다.

인물의 정서를 대변하는 장치로 쓰인 것은 시간의 흐름과 이야기의 호흡을 끊거나 연결하기 위해 쓰인 조명이 전부이고 이외의 스펙터클은 없다. 하지만 반복적으로 일어나는 두 남자의 일상 속에서 둘이 서로를 이해하며 변화하는 모습을 읽어내게 될 때 관객은 연극 '거미여인의 키스'에 대해 감정 이입하게 된다.

이 작품은 상처받은 이들에게 희망의 메시지를 반복 학습시키는 거창한 힐링 드라마가 아니다. 서로를 이해하며 스스로 변화를 겪는 두 남자의 모습을 '관찰'하면서 타인을 배척이 아닌 사랑의 대상으로 인지하는 색다른 '힐링'을 경험하게 만든 작품이다.

그러므로 연극 '거미여인의 키스'는 세상을 혐오하고 세상에게 버려졌다고 생각되는 이들에게 한 번쯤 '경험'해보시라 권하고 싶은 작품이다.

연극 'M Butterfly'
— 현실과 환상의 혼재, 그것이 바로 오늘과 내일

현재를 잘 조망하는 것으로 시의성을 논하는 시대는 갔다. 왜냐하면 오늘을 정확하게 관통하는 작품들은 이미 쏟아져 나오고 있기 때문이다. 이제 시의성이라는 개념의 관건은 미래를 얼마나 잘 예견하는가에 있다.

여장이 잘 어울리는 배우 삼인방: 김다현, 전성우, 정동화

우리나라 공연의 근현대사를 되짚어보면, 조선 말 남사당패 이후로 남자가 여장을 하고 무대에 등장하는 경우는 흔한 광경이 아니다. 이는 남녀의 성 역할에 대해서 양분화가 심하고 성 정체성이 불투명한 것을 허용하지 않는 한국의 정서 때문일 것이다. 그런데 지난 몇 년간 한국에서 공연되는 작품들을 살펴보면 성 정체성의 경계에 선 이들을 주인공으로 내세운 작품들이 왕왕 공연된다.

이러한 성향은 뮤지컬에서 두드러지는데 트랜스젠더 록 가수의 파란만장한 인생 역정을 그린 록 뮤지컬 '헤드윅'과 남프랑스의 유명한 휴양지 상트로페에 위치한 드랙 쇼 전문 카바레 '라 카지 오 폴'을 배경으로 펼쳐지는 뮤지컬 '라카지'가 대표적인 작품들이다.

2007년 초연 이후 큰 인기를 끌었던 뮤지컬 '쓰릴 미' 또한 로스쿨 청년들의 범죄와 동성애를 다룬 뮤지컬이다. 성 정체성 문제에 민감하고 이러한 표현들에 대해 익숙하지 않은 한국 관객들에게 트랜스젠더 록 가수, 게이 부부, 동성애를 연기하는 것은 배우들에게도 새로운 도전이었을 것이다.

이러한 새로운 도전에 자신 있게 도전장을 내민 세 남자가 있다. 연극 'M. Butterfly'에 여장 남자 '송 릴링' 역할로 활약한 김다현, 전상우, 정동화가 바로 그들이다. 김다현의 경우 '다드윅'이라는 애칭과 함께 뮤지컬 '헤드윅'에서 농염한 트랜스젠더 역할을 펼쳐 이미 광범위한 팬덤을 형성하고 있다.

전성우와 정동화 역시 뮤지컬 '쓰릴 미'에서 '나' 역을 맡아 동성애 연기를 열연한 바 있다. 따라서 세 남자의 트리플 캐스팅으로 구성된 연극 'M. Butterfly'는 그들이 '송 릴링'을 연기한다는 사실만으로도 기대작이 되기에 충분했다.

미래를 읽어내는 힘 통해 부여된 시의성 - 권력의 구도에 대한 새로운 시각을 드러낸 희곡

연극 'M. Butterfly'는 '송 릴링'이라는 여장 남자를 주축으로 프랑스 부영사 르네 갈리마르와의 갈등과 사랑이 작품의 대부분을 차지한다. 성 역할에 대한 언급이 작품 전면에 드러나는 셈이다.

하지만 이번 작품은 성 정체성의 혼란에 방점을 찍고 있지 않다. 작품은 연약하고 섬세함을 가진 여성을 '동양'으로 상징하고, 강인하고 권력욕 넘치는 남성을 '서양'으로 상징한다.

그러한 구도 속에 송 릴링은 서양 남자 핀 커튼에게 버림받고 눈물의 세월을 보내는 오페라 속 여주인공 버터플라이의 삶이 싫다고 하면서도 버터플라이와 닮은 인생을 살아간다. 하지만 이는 자신이 원하는 삶을 살기 위한 위장에 불과했고, 결과적으로 이러한 송릴링의 이중성은 갈리마르를 파멸로 이끌게 된다.

이와 같은 점들로 미루어보아 동양으로 상징되고, 여성으로 상징된 송 릴링을 통해 자신의 인생을 자신의 방식과 속도대로 개척해나가는 여성의 모습을 보여준 것이라 할 수 있다. 이는 미래에 적극적인 리더로 성장할 오늘날의 여성들과 다르지 않다. 게다가 송 릴링에게 지령을 주는 중국의 공안 역할의 배우도 여성이다.

이는 공적인 역할을 수행하는 인물은 주로 남성이 연기하는 것이 관례로 되어 있는 연극의 관례가 깨어진 지점이다. 이렇듯 연극 M butterfly는 오늘의 모습을 그려내는데 머물지 않고 여성이 세계화의 선두에 설 것이라는 먼 미래까지 작품에 담아내, 시의성의 의미를 더하였다는 점에서 크게 주목할 만하다.

인물의 동선과 무대 디자인이 십분 활용된 연출

작품은 동양과 서양으로 상징된 것은 갈리마르와 송 릴링을 오페라 '나비부인' 속 핀 커튼과 버터플라이를 중첩해 보여주며 관객에게 흥미를 부여한다. 무대 디자인은 오페라 속 인물과 실재하는 인물의 간극을 자연스럽게 넘나들게 하기 위해 활용된다.

오페라 속 버터플라이를 연기한 송 릴링은 노래로써 말문을 연다. 이 장면은 송 릴링이라는 인물이 실제로 극 안에서 행동하는 인물이 되는 전환점이 된다. 그렇기 때문에 송 릴링은 관객 앞에서 옷을 갈아입고, 아무렇지 않게 공간을 이동하여 이야기의 인물로 역할을 한다.

작품 초반에 오페라 작품 속에서 완벽한 여자로 등장하는 송 릴링은 갈리마르의 마음속에만 존재하는 환상이었지만, 그녀가 계단 아래로 내려옴으로써 실재하는 여성이 되었음을 의미하는 대목이다. 만일 이러한 무대 디자인을 소극장에서 했다면 연기 공간이 비좁아 원하는 그림이 나오지 않았을 것이고, 대극장에서 했다면 집중도가 떨어졌을 것이다.

그런데 이번 작품은 중극장에서 막을 올렸고, 인물의 포지션을 다르게 배치하되 하나의 장면에 동시에 담는 표현을 하기에 이러한 크기의 극장을 고른 것은 후회 없는 선택을 한 것이라 볼 수 있다.

다양한 변화를 표현하기 위한 방법 첫 번째, 말 걸기

이 작품에서는 유난히 장소와 인물의 변화가 다양하다. 하지만 이 다양한 변화를 구현하는 방식이 조금은 새롭다. 화자는 이야기 바깥의 인물이 되었다가 극 속으로 돌아오기를 반복한다. 그런데 이 방식을 지속적으로 활용할 경우 생기는 문제점이 있다. 배우가 제시하는 많은 변화를 따라가기 힘든 관객의 경우, 극적 몰입도가 떨어질 수 있는 치명적인 단점이 생긴다는 점이다.

그런데 작품에서는 이러한 단점을 보완하기 위해 화자로 역할 한 배우가 관객에게 끊임없이 말을 거는 방식을 첨언하여 부족한 점을 채웠다. 이 방법이 내용전달의 효율을 높였다고 볼 수는 없지만, 극적 몰입을 유지하는 장치가 되어줌은 분명하다.

다양한 변화를 표현하기 위한 방법 두 번째, 조명

연극 'M. Butterfly'는 갈리마르와 송 릴링의 아찔한 관계를 통해 인간이 느끼는 환상과 실재의 혼재를 속도감 있게 그려내기 위해 잦은 장면 전환 방법을 선택한다.

특히 이번 작품에서는 이러한 표현을 효과적으로 구현해내기 위해서 음악과 조명을 적극적으로 활용한다. 무대는 나무를 이어 붙인 벽면과 가구들을 모두 하얀색으로 표현해 통일감을 주었고, 가지만 남은 나무들을 벽면에 듬성듬성 배치함으로써 차가운 느낌을 살렸다.

이 차가운 느낌에 형형색색의 조명이 무대를 물들이며 장소는 숲이 되었다가, 거리가 되었다가 한다. 여기에 음악이 각 장소의 분위기를 고조시킨다. 장면의 의도에 따라 중국 전통 음악이 흘러나오면 장소는 금방 중국의 어느 거리가 되고, 서양의 오페라 곡이 흘러나오면 또 금방 프랑스의 어느 거리가 된다.

무대에 전면에 등장한 가구들 역시 서양풍 돌돌이 계단과 중국의 빨간색 갓등의 배치를 통해 서양과 동양의 조화를 도모해 공간의 느낌을 빠르고 확실하게 구현한다.

여성의 권력화만큼 중요한 키워드, 관계성

작품이 송 릴링이라는 인물을 주축으로 여성의 권력화에 대한 메시지를 전달하면서도 끊임없이 관객에게 강조한 개념은 '관계성'이다. 작품은 여성적 성향을 이미지화해 동양을 나타내고, 남성적 성향을 이미지화해 서양을 나타낸다. 그리고 이 둘의 사랑에 대해 이야기한다.

연극 'M. Butterfly'는 그 과정에서 자신이 가지지 않은 매력에 빠져드는 모습을 통해 관계성을 드러낸다. 표면적으로는 기밀 유출 혐의로 수감되어 인생의 마지막을 감옥에서 맞이하는 인물이 갈리마르이기 때문에 서양에 대한 퇴보를 이야기하는 것으로 볼 수도 있다. 하지만 작품은 송 릴링에 대한 분노보다는 완벽한 여자를 사랑했던 기억에 더 집중하는 갈리마르의 수감 생활을 보여준다.

갈리마르가 프랑스로 다시 쫓겨 와 폐인처럼 사는 동안에도 동양을 그리워하고, 송 릴링을 그리워하며 오페라 '나비부인'을 보러 가는 지점을 통해서도 같은 맥락을 읽을 수 있다. 이는 누가 이기고 지고의 문제를 다루려고 한 것이 아니었다는 것이 드러나는 부분이다.

수감 생활을 하던 갈리마르는 정신적 혼란을 겪다가 자살을 한다. 그가 자살하기 바로 직전, 하얀 칠로 일본 여성처럼 단장을 하는 장면 역시 같은 맥락으로 보아야 한다. 자신이 사랑했던 송 릴링, 아니 '버터플라이'가 되려는 양 일본 여성처럼 꾸민 뒤 자살하는 이 장면은 작품에서 말하려고 하는 욕망과 권력, 환상과 현실의 혼재, 서양과 동양, 남과 여의 변화의 흐름에 대해 관계성이라는 큰 개념으로 응축하고 있다.

제3장

내가 원하는 삶

연극 '단편소설집'
― 누구나 한번쯤은 반짝이는 순간이 있다

학창시절, 우상이었던 스승의 집무실은 공기조차 신성하게 느껴졌었더랬다. 처음 교수님의 집무실에 갔었던 때의 기억, 그 설렘과 어색함, 그리고 안절부절못하는 아마도 배움에 대한 열정의 싹을 틔우는 생명수였는지 모르겠다.

여자배우가 없다? 여성 캐릭터가 없다

얼마 전 케이블 방송에서 '여배우의 차기작 고르는 법'이라는 주제로 여배우들이 활동할 수 있는 작품 시장의 현황에 대해 다룬 프로그램을 본 적이 있다. 이름만 대면 금방 알 만한 유명 여배우의 입에서는 자신만의 작품 고르는 기준에 대한 언급 이전에 '작품이 없다'는 말부터 쏟아져 나왔다. 무슨 말이냐면, 여배우들이 책임감을 느끼고 진지하게 임할만한, 매력적인 작품이 없다는 의미이다. 작품의 수적 고갈이 아니라 구조적으로 남자 인물 위주로 쓰인 작품이 대부분을 차지하고 있기 때문이다. 여성에 대해 논하는 작품이 드물다는 것을 의미한다.

실제로 아이가 있는 여성의 경우 육아 때문에 자아실현이 뒷전이 되어 사회의 경제구성원의 역할을 하지 못하는 것이 비일비재하므로 여성을 사회의 구성원으로 회자하지 않는 것이 어찌 보면 굉장한 리얼리티일 수도 있다. 하지만 분명 사회에 진출하여 육아와 사회적 역할을 동시에 하거나, 출산 후에도 사회적 역할을 이어가는 '일하는 여성'의 단면도 현대 사회에서는 흔한 광경이다. 2016년 막이 오른 연극 '단편소설집'에서도 여배우 두 명을 통해 일하는 여성의 모습과 그들 사이의 관계에 대해 다루었다.

인물과 인물의 관계에 집중, 그 힘은 바로 배우들 간의 호흡

작품에서 '리사'와 '교수'의 관계는 힘의 논리에 의해 변화한다. 교수의 눈조차 바로 쳐다보지 못하던 리사는 조교가 되고 등단을 하게 되면서 교수와 동등해진다.

리사가 유명 작가가 될 무렵 교수는 병환이 들고, 일선에서 물러나는 시기가 되자 리사는 교수보다 우위적 위치를 선점하게 되기까지 한다. 이런 인물 관계의 흐름 변화는 배우들 간의 호흡을 통해 두드러진다.

어색함이라는 정서를 격양된 어조로 일관되게 표현한 도입부에 대한 아쉬움

그런데 이 연극의 도입 부분인 리사가 처음 교수의 집무실에 들어왔던 장면은 리사의 대사 처리방식이 일관되게 격양되었다는 점을 주목할 만하다. 이 부분에서 전달되어야 했던 정서인 교수의 권위적이고도 시니컬한 말투가 리사의 기에 눌린듯한 분위기가 조성되기까지 했다. 리사가 교수의 눈치를 보는 장면

인데도 마치 교수가 리사의 눈치를 살피는 것은 아닌지 의심이
드는 뉘앙스다.

베테랑과 신예가 친구가 되는 순간, 설전이 시작된 순간이다

'우디 앨런'이 전 여자친구의 입양 딸 '순이'와 불륜을 저지른
사건에 대해 설전을 벌이는 장면은 리사와 교수가 동료로서 동
등해졌음을 드러내는 대표적 장면이다.

작품은 이 장면에서 거추장스러운 제스처들을 차치하고 말
의 주고받음만을 통해 둘의 관계를 드러낸다. 이 방법은 두 배
우의 관계 변화를 명확하게 읽어내릴 수 있으면서도 대사의 흐
름에 적절한 '사이'를 부여한다.

이런 과정에서 생기는 리듬감은 단어에 탄력이 붙어 핑퐁게
임을 하는 형국을 연상시킨다. 리사와 교수가 각각 자신의 숨
겨온 이야기를 하는 것 역시 같은 맥락이다. 교수는 리사에게
가족사에 관해 묻고 리사는 교수에게 연애사에 대해 서슴없이
묻는다. 호칭도 '교수님'에서 '선생님'으로 바뀌는 것을 통해 이
둘의 관계 현황을 잘 알 수 있다.

가르치고 쓰는 일을 하는 예술가들의 정신에 대한 기록

이 장면은 두 인물의 관계 위치변화를 정확히 도출해주는 기
능 외에도 다른 의미로 인상적이다. "스타들은 우리 대신 막살
잖아"라는 교수의 대사가 가장 대표적 언급이다. 예술가는 대
중을 대신하여 극적 표현을 서슴지 않는다는 말을 은연중에 함

으로써 예술가들의 정신을 단면적으로 드러내는 기능을 했기 때문이다.

은유적 대사를 통한 예술적 삶 조명

이 작품에는 은유적 대사들이 빈번히 등장한다. 작품은 창작하는 사람들의 삶의 단면에 대해 많이 표현한다. "시라는 이름으로 그가 뱉어내는 쓰레기를 받아냈어."라는 이 대사는 사랑하는 사람이 주는 상처와 고통을 시, 다시 말해 글을 쓰는 예술 행위로써 승화했다는 '교수'의 말이다. 이는 예술가만이 보여줄 수 있는 사랑에 대한 상처를 치유하는 방법이라 할 수 있다.

신구의 갈등과 교체

교수가 자신의 새로운 단편을 리사에게 보여준 뒤 리사의 피드백을 기다린다. 얼른 듣고 싶다며 아이처럼 조르기도 한다. 더는 새로울 것이 없는 퇴역과 새로운 날들이 기다리고 있는 신진의 세대교체는 당연한 순서다. 게다가 단 한 번도 자신의 이야기에 관해서는 쓰지 않은 교수가 자신의 사랑 이야기를 작품에 써서 성공한 리사를 질투하는 것으로 이 둘 간의 관계는 또 한 번 변화한다.

이 작품에 등장하는 리사와 교수는 작품 초반에 수직적 관계로서 등장하지만 점차 동등해졌고, 시간이 흘러 이 수직구조는 역전이 되는 흐름을 보여줄 수 있는 부분이다. 이 부분에서 주로 조명되는 인물은 교수다. 현실 앞에서 무너지는 교수의 모습에 초점을 맞춰 신구의 전환과 세력 교체를 두고 비단 벌어지는 갈등에 대해 다루었다는 점에서 흥미롭다.

작품 속 작품들

이 작품에서 두 인물의 갈등을 일으키는 매체는 당연하게도 '소설'이다. 리사가 처음으로 집필한 소설 '끼니 사이 먹기'는 교수에게 가르침을 받게 되는 계기를 마련해준 작품이다. 교수의 과거 이야기를 담은 새 소설은 두 인물이 충돌하는 동기를 부여하기도 한다. 그만큼 이 작품에서는 작품 내부에 등장하는 '소설'이 큰 비중을 차지한다. 게다가 리사의 신작은 일부러 낭독회 장면을 만들 정도로 비중이 크다.

그렇다면 질문을 던지고 싶다. 두 배우는 이 연극 안에서 등장하는 작품에 집중하고 있었는가. 아마 배우가 집중할수록 관객 역시 이 연극에 몰입할 것이다. 몰입한다는 것은 관객도 리사와 교수의 관계, 이 둘의 갈등에 감정 이입하게 됨을 의미한다. 관객이 완전한 몰입에 성공하기 위해서는 관객이 작품 속 상황에 대해 완전히 수긍하게 해야 한다. 그런데 과연 그러했는가 질문하고 싶은 것이다.

과유불급(過猶不及) **한 '리사'**

부산스러운 성향의 인물을 연기하기 위해 과장된 감탄사와 발을 구르는 행동, 말의 의미를 강조하기 위해 손 제스처를 빈번하게 쓰는 모습은 리사가 연극에서 가장 많이 보여준 행동이다. 동선 역시 스피드가 너무 빨랐다. 이런 점은 관객이 리사와 교수의 감정 교류를 관찰할 시간을 부족하게 했다.

자칫 잘못하면 리사 역할 배우가 많은 양의 대사를 이행하기에 급급한 것처럼 보일 수 있는 오해의 소지가 있는 표현들이었다. 또한 리사는 자음을 정확히 발음하는 일명 '말을 씹어 발음'하는 화술을 구사했는데, 이 방법은 중요한 내용을 강조하여 전달할 때나 큰 규모의 극장에서 연기할 때 쓰는 화술로써 이번 작품에서는 그다지 유용하게 활용될 수 있는 방법은 아니었다고 생각한다.

이런 화술은 연극에서 리사가 교수의 집무실에 처음 온 장면을 중심으로 점철되어 있다. 그랬기 때문에 대사의 리듬감이 없어졌다. 모든 음에 악센트를 주어서 연주하는 곡에서는 선율을 제대로 느끼기 힘든 것처럼 리사가 구사하는 모든 대사는 발음이 지나치게 정확해서 오히려 무슨 이야기를 하는지 내용을 귀담아들을 수가 없다는 인상을 지우기 힘들었다.

일하는 여자들의 이야기

연극에서는 이미 명성을 드높인 위치에 선 중년여성 작가와 신진 여성 작가를 둘러싸고 벌어지는 모종의 관계를 그린다. 실제 대학교수의 집무실을 옮겨놓은 듯한 사실적인 무대에서 둘의 관계는 두 인물의 말에 의지하여 집중된다.

말에 집중된 작품이니만큼 두 배우가 원활히 블로킹하는 모습을 기대했는지 모른다. 하지만 여성 예술가의 인생에 대해 조명한 흔하지 않은 작품이라는 점에서 의의가 크다.

연극 '사중주'

― 권력과 정복, 욕망, 죽음. 이렇게 '사중주'

특정한 인물을 둘러싼 특정한 감정에 대한 이야기가 아니다. 자기 존재감에 대한 적극적인 확인, 그로 말미암은 욕망, 그 욕망이 낳은 권력, 권력의 정복이 불러일으킨 죽음이 어우러진 것이 바로 인생의 '사중주'이다.

권력과 정복의 종말을 위한 여성성

'뤼시스트라테'. 끝도 없이 이어지는 남성들의 정복과 전쟁에 종말을 고하고자 섹스 파업을 도모한 여자들의 이야기를 다룬 아리스토파네스의 작품이다.

이 작품에서는 남성성의 상징으로 여겨졌던 전쟁과 정복의 반복된 전복을 문제의 구심점으로 내세우는데 이 부분은 현대 사회에서도 아직 가시지 않은 화두이다. 이러한 맥락은 정복 전쟁에서 수복된 나라의 국민 중 여성이 성 노예로 전락하는 경우가 비일비재한 것을 통해 쉽게 알 수 있다. 그런 측면에서 뤼시스트라테에서 보여준 여성들의 집단 섹스파업은 당시 지나치게 '풍만'했던 남성성에 대한 강력한 제단으로 볼 수 있다.

그러나 세상이 바뀌었다. 권력의 중심에 여성이 하나둘 자리하기 시작했다. 하지만 남성성으로 점철된 정복과 전쟁은 줄어

여기, 그리고 지금

들지 않고 있다. 이념과 종교, 영토 분쟁의 구실로 발생하는 테러와 전쟁은 제1차, 2차 세계 대전의 후 폭풍이 미처 아물기도 전에 스멀스멀 고개를 내미는 것이다. 최근 지구촌 곳곳에 산발적으로 벌어지는 테러로 인해 전운에 대한 견해도 나온다. 바로 제3차 세계 대전이다. 기술과 과학의 발달이 정점에 도달했다고 일컬어지는 오늘날 제3차 세계 대전이 일어난다면, 무엇을 상상하든 그 어느 때보다 끔찍한 세기말을 보내게 될 것은 자명한 일이다.

전쟁의 역사와 분단의 시절을 살아낸 독일의 작가 하이너 뮐러는 오늘날의 이러한 상황을 예감이나 한 듯 희곡 '사중주'를 통해 세기말의 상황에 놓인 한 두 남녀의 이야기를 독특한 방식으로 풀어냈다. 대학로에서 공연된 연극 '사중주'가 바로 그 작품이다.

'사중주'는 야한 연극이 아니다

연극 '사중주'는 '남녀 간의 성 대결', '야한 연극'이라는 단어로 '오기(誤記)' 되기도 했다. 그런데 이 사실 이 작품은 하나도 야하지 않다. 메르테이유와 발몽의 정사 장면으로 시작된 이 연극은 섹스 장면을 직접적으로 드러내지 않았다.

비단 이 말은 탁자를 뒤덮고도 남을 하얀 천 아래에서 정사를 하는 두 남녀의 육체가 직접적으로 노출되지 않았다는 것만을 내포하지는 않는다. 정사 장면이 관객에게 전달하는 메시지는 서로의 육체를 탐닉하는 동물적 본능이 아니라 상대의 육체를 통해 나의 존재감을 끊임없이 확인하고자 하는 인간 근원의 본능이기 때문이다. 따라서 이런 맥락은 메르테이유와 발몽의 정사 장면이 하얀 천의 불규칙적 운동성에 기대어 표현되었고, 그 운동성은 서로에 욕망에 대한 갈증이 아니라 살아있는 존재로서의 인간이 가진 심장의 운동성, 혹은 뇌의 운동성 등으로 치환되어 무대 위에 등장했다는 점만을 보아도 알 수 있다.

소재와 표현 방식의 균형을 잘 잡은 연출

작품에서 핵심이 된 인간 '존재감의 표현'은 권세와 정복의 욕구로 이어져 드러난다. 이렇듯 이 작품에서는 '성(性)'이라는 화려한 소재를 가지고 꽤나 무거운 이야기를 풀어나간다. 그렇기 때문에 소재와 구현의 균형성이 매우 중요한 작품이라고 할 수 있다.

채윤일 연출의 이번 연극 '사중주'는 단출한 무대와 절제된 동선을 통해 이 균형을 잡았다. 심오한 소재에 대한 언급의 근거로써 많은 스펙터클을 활용했다면 오히려 산만하고 알아듣기 어려운 관념적 연극으로 전락했을 것이다. 하지만 이번 공연은 배우들의 움직임과 에너지로 무대를 채워 작품에서 던지는 메시지인 인간의 존재성, 그리고 욕망에 대해 집중할 수 있는 여지를 주었다.

간소화된 무대를 기반으로 이 작품에 등장한 유일한 미장센인 하얀 천의 즉흥적 운동성 활용, 배우 간의 활발한 블로킹은 하이너 뮐러가 던지는 메시지의 심오함을 최대한 관객이 집중도 있게 이해하도록 유도한 노력의 흔적이 보이는 연출이다.

여기, 그리고 지금

서로 다름으로 조화된 연극

이 작품은 메르테이유와 발몽이라는 두 인물의 말과 행동을 통해 실제 등장하지 않는 인물들과 그들을 둘러싼 모든 이야기를 진행되기 때문에 두 인물 간의 연기 호흡이 굉장히 중요하다.

메르테이유의 연기는 정형화된 모습이다. 퇴폐적인 귀족 여인의 전형을 보여준다. 상대를 하대하는 말투 등에서 잘 알 수 있다. 반면에 발몽의 연기는 사실적이고 자연스럽다. 18세기 프랑스의 귀족 남자가 아니라 어디에도 있을 법한 혈기 충만한 남자의 모습으로 무대 위에 숨 쉴 뿐이다.

인물의 연기 스타일이 다르다는 점은 표면적으로만 생각하면 어울리지 않아 모순될 것 같지만 사실 매우 타당성 있는 조화이다. 정형성 짙은 메르테유라는 인물의 표현 방식은 지체 높은 부인이 가진 권위와 그 내면에 싹튼 일탈을 강조하기에 더없이 좋은 기호이고, 그녀를 뒤흔드는 남자 발몽의 사실적이면서도 자연스러운 움직임은 그녀가 스스로 싫어하는 정형화된 삶을 깨버릴 유연한 매력을 부각하기에 딱 맞춘 옷처럼 잘 맞는다.

메르테이유의 속마음

메르테이유가 가진 자존감 확인의 욕구와 일탈의 감정은 양가적인 것인데, 이는 그녀가 무대 위 관객 앞에서 과감하게 옷을 갈아입고 변한 외모를 통해 남자 역할을 하게 되는 과정을 통해 극명하게 드러난다. 옷을 갈아입은 후부터 시작된 역할

놀이는 성이 바뀐다는 것이 핵심인데, 남녀를 대결 구도로 놓고 표현했다기보다는 여성의 사회적 지위 획득에 대한 이야기로 보면 적절하다.

발몽 역할을 할 때 메르테이유는 더 생기있고 운동성이 있다. 또한 발몽의 모습을 흉내 내는 것을 빙자해 항상 우위를 선점하고자 한다. 발몽을 흉내 내는 메르테이유가 남성성을 강조할수록 발몽이 연기하는 또 다른 귀족 여인 뚜르벨은 더 나약하고 멍청하게 그려지는데 이는 메르테이유라는 여자가 단순히 자신의 성적 욕망을 하려고 발몽을 상대하는 것이 아니라는 점이 명확해지는 순간이다.

배우 윤정섭, 아니 진짜 발몽

발몽은 메르테이유가 탄 독주를 마시고 죽음을 맞이하는데 죽어가는 과정에서 꺼져가는 자신의 목숨에 항거하지 않고 오히려 삶과 죽음의 의미 없음에 대해 말하는 메르테이유의 말에 반박을 하며 죽음을 맞이한다.

만일 발몽이 이 장면에서 단순히 자신의 꺼져가는 죽음에 대해, 그것으로 대변되는 세력의 약화에 대해 항거하는 의미의 오열을 했다면 너무나 진부한 표현이 되었을지 모른다. 하지만 이번 연극 '사중주'의 발몽은 죽음의 과정을 자주적 템포로 이끌었고, 그 안에서 다양한 색채의 '오열'을 보여주었다. 그 때문에 관객은 자연스럽게 해석의 능동성을 부여받게 되었다. 그러므로 이 연극의 호평 지점을 꼽으라면 단연코 이 부분을 선정하고 싶다.

연극 '3일간의 비'

— 모든 배우가 살아 숨 쉰다

3일 동안 비가 내렸고, 비가 내리는 동안 세 젊은이는 사랑했고 미워했고, 고통스러워했고, 그리고 계속 살아갔다.

다른 시대, 같은 이야기, 이중 플롯을 활용한 극적 긴장감

비슷하거나 다른 두 개의 이야기가 대조되거나 연결되면서 결국에 하나의 드라마로 이어지는 극작 양식인 이중 플롯은 영국 셰익스피어 시대의 희곡에 자주 활용된다. 특히 이 양식은 당대를 풍미했던 작가인 셰익스피어의 '리어왕'에서 두드러진다. 이중 플롯의 극작법을 능수능란하게 썼던 셰익스피어는 이 양식을 적절히 활용하여 세대를 거쳐 이어지는 갈등의 드라마의 비극성을 증폭시키는 데 성공했다.

이중 플롯의 기법은 이렇듯 과거의 이야기를 통해 오늘날의 의미를 투영하기 위한 연결고리로 쓰이며, 이때 과거의 이야기는 자연스럽게 현상의 모태가 되어 작가의 메시지를 강조하는 역할을 한다.

연극 '3일간의 비' 역시 이중 플롯의 극작법이 활용된 작품이다. 작품은 오늘날의 자신에 대해 혼란스러워하는 워커와 그런

동생을 감당하기 힘든 낸, 이 둘을 지켜보는 핍, 이 세 젊은이 앞에 놓인 유산과 이를 둘러싸고 펼쳐지는 이야기를 그렸다.

공연은 네드가 자신이 아끼던 집을 자식인 워커와 낸이 아닌 친구의 아들 핍에게 물려주면서 일어나는 갈등을 그린 장면으로 시작된다. 연극 '3일간의 비'는 1990년대를 사는 세 젊은이의 우울하고 시니컬한 단상을 중심으로 전개되는 듯 보이지만 절친한 친구 사이었던 네드와 테오, 그리고 레이나의 관계와 비가 오던 1960년대의 '그날'의 진실까지 동시에 전개하는 이중 플롯의 방식을 활용한다. 이는 두 시대의 감정들을 생생하게 소환하여 '진실'을 밝히는 일에 대한 박진감을 더한다.

무대 위에서 모든 인물은 살아있다

이 작품에서는 세 명의 배우가 각각 자신의 부모세대의 인물을 연기하는 방식으로 전원 1인 2역을 맡아 연기한다. 그럼에도 불구하고 인물들은 그 어느 연극에서보다 생동감 있는 모습으로 등장하며, 전혀 다른 인물로 살아 숨 쉰다. 배우 윤박이 연기하는 워커 역할의 경우 시크하고 자신의 감정을 여과 없이 쏘아붙이는 성격의 인물이다. 워커의 아버지인 네드는 말더듬이에 소심함이 가득하다.

윤박은 워커를 연기할 때 객석의 관객들이나 상대 배우와 정확히 시선을 마주치며 대사를 치고, 연기 동선 역시 길게 활용한다. 그러나 네드를 연기할 때는 시선을 땅으로 떨어뜨리고 연기 구역 역시 상대 배우의 동선을 앞지르지 않는 선에서 활용한다. 그렇게 윤박은 워커와 네드 두 인물로 무대 위에서 살아 숨 쉬었다.

  핍과 테오를 연기한 배우 서현우는 이 연극에서 연기의 디테일을 가장 많이 살린 배우이다. 핍은 유쾌하고 너그러운 성격을 가졌지만, 워커에게 쩔쩔매는 상황에 놓여야만 했던 트라우마를 간직한 인물이다. 평소에는 자연스럽게 일상을 표현하는 이른바 '생활연기'의 패턴으로 존재하지만, 자신의 과거에 관해서 이야기할 때는 대사와 행동이 두 배로 빨라진다.

  테오라는 인물은 호탕하고 자신의 삶을 적극적으로 헤쳐나가는 성향을 가졌는데 핍과 유사한 면이 많아 이 둘을 한 명의 배우가 서로 다른 인물로서 표현하기에는 그 구체성에서 어려움이 많이 따랐을 것이다. 그러나 서현우는 테오를 연기할 때 평상시의 모습은 차별화를 두지 않다가 중요한 순간에는 다른 모습으로 변하는 표현을 함으로써 연기적 디테일에 차별성을 도모하는 '따로 또 같이'의 방식을 활용한다.

  평상시 친구와 애인에게 사교적인 테오가 극단으로 치닫게 되는 순간이 왔을 때 자신의 화를 이기지 못하고 격하게 분출해내는 모습을 표현함으로써 차별화를 도모한 것이다. 낸과 라이나 역을 동시에 소화해야 했던 배우 이윤지는 우울하고 어두운 성향의 낸을 연기할 때는 행동연기를 거의 하지 않는 표현방식을 택했다. 밝고 엉뚱한 매력을 뿜내는 인물인 레이나를 연기할 때는 몸을 최대한 활용한 연기를 결합해 평소에 브라운관을 통해 많이 노출되었던 발랄한 이미지를 더욱 강하게 부각하는 전략을 썼다. 이렇게 이 작품의 인물들은 모두 살아있었다.

액션과 리액션, 그리고 '사이'

 연극 '3일간의 비'의 여섯 인물은 각각의 방식으로 무대 위에서 살아 있었는데 이런 생명력의 근원은 '사이'를 잘 활용한 데 있다. 대사와 대사의 사이, 행동과 행동의 사이에서 배우들은 각자의 위치에서 앞서 언급한 인물이 가진 각각의 성향을 고수하며 '사이의 시간'을 살아냈다. 다른 인물의 대사가 끝날 때까지 기다렸다가 자신의 연기를 펼치는 식이 아닌 그사이의 '서브텍스트'를 미리 파악하여 훌륭하게 소화해낸 것이다.

 사이의 시간은 관객은 작품에 완전히 몰입할 수 있게 만든다. 작품에서 배우들은 단 한 번도 관객을 향해 손짓하지 않았다. 실제로 독백이나 방백의 장면으로 미루어 보이는 장면에서조차도 관객을 향한 말과 행동을 하지 않았고 관객의 참여를 유도하지도 않았다. 그러나 아이러니하게도 작품 후반에는 무대에 최대한 가까이 다가가려는 듯 몸을 한껏 앞으로 기울인 채 작품을 보는 관객의 모습을 어렵지 않게 포착할 수 있었다. 관객이 오히려 작품에 다가가고 있었던 것이다.

이제껏 이렇게 몽환적인 무대 전환은 없었다!

 관객이 완전히 작품에 몰입한 또 다른 증거는 무대 전환 시 객석 곳곳에서 터져 나온 탄식의 소리다. 특히 무대 전환 때마다 탄식이 쏟아졌다. 무대 전환 동안 피아노 연주와 빗소리 음향, 푸른 조명과 미러볼이 복합적으로 버무려져 무대의 연기 구역뿐만 아니라 객석에까지 표현된 연출 때문이다.

 극적 분위기를 극장 전체로 확대하여 장면의 감정을 객석으

여기, 그리고 지금

로 자연스럽게 전달한 이러한 전환은 관객으로 하여금 가랑비의 옷 젖듯이 장면의 분위기에 젖어 들게 하여 나도 모르게 탄성을 지르게 되는 상황을 조성한 것이다. 전환을 이용하여 드라마 속 감정에 관객이 동참하게 하며 자신이 가진 비 오는 날에 대한 기억에 대해 떠올리게 만드는 방법 이것이 이 작품의 포인트가 아니었나 싶다.

배우 겸 연출가 오만석? 아니, 연출가 오만석!

배우 오만석은 연극을 연출하면서 어떤 부분에 중점을 두었을까? 그가 사랑받는 배우라서 이 작품이 주목을 받았다기보다는 그가 배우로서 했던 고민이 연출의 역할을 할 때 색다른 방식으로 녹아 나왔다는 점이 인상 깊다. 아마도 그가 했던 고민은 '모든 배우가 무대 위에서 살아있게 할 수는 없을까?'에 대한 고민이었던 것 같다.

그 결과 등장하는 인물 모두가 각기 다른 개성으로 등장하면서도 하나의 이야기로 자연스럽게 연결되었고, 몽환적인 미장센을 구사한 미술적 시도를 통해 관객의 관심을 능동적으로 이끌었다는 점이 눈길을 끌기에 충분한 이유다. 좋아하는 사람에게 도리어 사랑 고백을 받는 고수의 연애 기술과도 같은 방법의 일환으로 배우 오만석, 아니 연출가 오만석은 '인물과 인물이 대사하는 그사이에 행동과 호흡을 놓지 않는 것'과 '인물을 입체적으로 연기하는 것' 이 두 가지에 핵심을 두었다.

제4장

막으려 할수록 차오르는 사랑

연극 '올모스트 메인'
― 올모스트 메인, 올모스트 러브

오로라를 보려면 아이슬란드에 가야 한다. 그러나 때로는 한국에서도 오로라를 볼 수 있다. 연극 '올모스트 메인'은 나만의 오로라를 위한, 오로라에 의한, 오로라에 대한 연극이다. 내 가슴 속 오로라는 어디를 비추고 있을까.

사랑은 스릴러다

겨울에는 이상하게 사랑 이야기가 많이 나온다. 겨울이 추우니까 움츠린 가슴을 펴고 마음이라도 따뜻하게 지내라고 그러는 것인지, 사실 '사랑'이라는 정서는 봄보다는 겨울에 작품으로써 풍부하게 존재한다.

그런데 이렇게 '생산'된 로맨스 드라마는 늘 현실과 동떨어진 사랑을 찍어내기에 바쁘다. 복잡한 전사만을 내세운다든지 인물의 감성이 지나치게 비현실적이라던지. 우리는 그런 로맨스 드라마를 '사랑'이라 부르지 않는다. 사랑은 절대 가만히 있지 않기 때문이다. 어딘가 모르게 자꾸 신경이 쓰여서 결국에는 '어쩔 수 없게 만드는 것'이 사랑이다. 그러니까 사랑은 사실 스릴러다.

드라마에 이입되면서 이따금 경험하게 되는 가슴이 쫄깃한 감정은, 살인을 저지른 자를 추격하는 복수극이나 범죄소굴을 소탕하는 블록버스터 영화에서뿐만 아니라 로맨스 드라마에서도 존재한다.

민준호 연출의 연극 '올모스트 메인'이 바로 사랑이 스릴러라는 주장에 대한 적극적인 근거로 내세우기에 적절한 작품이다. 조명, 무대, 대사의 조합이 만나 그려지는 리듬감은 각 에피소드에서 말하는 사랑의 정서를 극대화하여 관객의 마음을 들었다 놓기를 반복하기 때문이다.

같은 듯 다른 오로라

아무것도 없는 빈 무대, 추운 겨울 느낌이 물씬 나는 초록과 푸른 빛의 조명만이 드리워진 공간에서 연극은 시작된다. 무대 바닥부터 벽까지 전부 '추운 감성'으로 꾸며진 연극의 무대는 조명의 활용에 따라 다양한 색깔의 빛이 중첩적으로 드러나 마치 극장 안에서 오로라를 보는 듯한 경험을 하도록 디자인되었다. 대도구나 소도구 역시 최소화했다. 관객에게 보여주고 싶은 것은 오로라이기 때문에 여러 개의 에피소드가 지나가는 동안에도 무대는 여전히 비어 있다.

연극 '올모스트 메인'에서는 각 에피소드마다 각기 다른 사랑의 감정이 드러나는데 감정의 귀결에는 어김없이 오로라가 등장한다. 사실 조명기와 무대 작화로 구현된 오로라는 관객의 시각에 따라 물리적으로 '같은 오로라'라고 느껴질 수 있다.

하지만 각 장면별로 강조하는 정서의 정점에 오로라를 활용했다는 것은 오로라가 감정의 이입 장치로서 하나의 무대적 언어로 치환된 것이라 볼 수 있다. 그러니까 에피소드마다 등장하는 오로라는 각각 다른 오로라가 되는 것이다.

인물들의 감정 색을 대변하는 오로라는 이미 희곡에서 오로라는 무대의 기호로 활용하라 명시한 바 있다. 하지만 이 지시를 표현하는 방법은 연출에 따라 다르다. 민준호 연출의 연극 '올모스트 메인'에서는 이 지시에 아무런 가공을 하지 않는 연출을 택했다. 예쁘게 꾸미려고도 하지 않았고, 그저 빛으로 빈 무대를 만들었고 인물로서 공간을 채웠다.

관객이 스스로의 감정에 따라 오로라에 색채를 입혀 작품에 감정이입 하기를 원한 것이다. 이러한 시도는 정말 용기 있는 결단이다. 자칫 불친절하고, 밋밋한 로맨스 드라마로 흐를 가능성을 알면서 한 시도이기 때문에 이러한 연출이 가지는 시도의 가치는 더 크다.

사실 이 작품이 말랑한 사랑 이야기가 아니기 때문에 가능했던 연출이기도 하다. 오로라를 볼 수 있는 미국의 추운 마을 메인 주에 사는 특별할 것 없는 사람들과 사람이 그리운 그 사람들에게 일어나는 삶의 이야기를 다루었다는 점에서 참 섬세하다. 대단한 이슈 없이 소박하게 살아가는 메인 주민들의 마음에서 살아있던 꽤나 뜨끈한 사랑의 정서를 오로라와 사람. 그리고 사랑만이라는 주제로 생명력 있게 재탄생시킨 것이다.

사랑, 사람 그리고 오로라

화려한 옷을 다 벗어버리고 맨살을 드러낸 채 살아도 그런대로 잘 사는 사람들이 메인 사람들이다. 이는 모든 에피소드에서 사랑의 정서와 직관된 정서적 행동으로 눈물을 선택했다는 점을 통해 알 수 있다. 감정 표현에 서툰 사람들, 황량하고 추운 마을에 사는 사람들의 가슴에 꽁꽁 숨겨져 있던 하나의 오로라를 꺼내기 위해 이 작품은 그저 배우들의 연기와 오로라만 남기고 모두 치워버렸다. 그리고는 마치 우리의 삶에서 인간과 인간이 가진 공평한 감정인 사랑에 대해서만 이야기하는 것이 옳다는 양 꾸밈없이 서툰 정서에 대해 풀어나간다.

그렇기 때문에 이 작품에서 말하는 사랑의 정서는 지나치게 군더더기 없고, 진솔하다. 그 결과 남은 것은 오직 '진정성'이다. 그렇기 때문에 이 작품은 진정성 하나로 관객의 마음을 애타게 만드는 스릴러라고 해도 과언이 아닌 작품 되시겠다.

연극 '만추'

— 사랑은 흐르지 않는다, 머문다

사랑은 흐르지 않는다. 사랑은 흔적을 남기기 때문에 아무렇지 않게 흐를 수가 없다. 만추는 흐를 수 없는 것에 대해서 이야기한다.

3포 세대, 할 수 있는 건 사랑하는 일뿐

연애, 결혼, 출산. 오늘날 한국의 젊은이들이 어쩔 수 없이 포기해야 하는 세 가지이다. 그래서 오늘을 사는 청년들을 일컬어 이 세 가지를 포기한 '3포 세대'라고 부르기까지 한다. 고도의 경제성장으로 인해 사회의 급박한 변혁 속에서 경쟁은 점점 치열해지고, 그 거대한 담론 속에서 도태당하거나 휘말리지 않으려면 사랑과 같은 개인적인 감정은 차치되어야 하는 부수적인 개념으로 치부되는 것이 오늘날 젊은이들 앞에 놓인 현실이기 때문이다.

하지만 아이러니하게도 각박한 사회의 소용돌이 속에 던져진 청년들이 스스로를 위안할 수 있는 유일한 방법은 누군가와 소통하는 일이다. 나 아닌 누군가에게 자신의 감정에 대해 이야기하고 서로의 상처에 약을 발라주는 사소함이 바로 그것이다.

여기, 그리고 지금

무한 경쟁 시대에서 돈으로 환산되지 않는 유일한 것이 사랑이며 이것은 무엇이든 경제 가치로 환원되는 현대사회의 급박함 속에서 힘겹게 버티고 있는 마지막 '순수'라고 규정해도 지나침이 없는 가치이다. 그러나 너무나 빠른 시간 흐름에 장단이라도 맞추듯 요즘 젊은이들의 연애는 그저 빠르게 '흐른다'. 빠르게 흐르는 시간처럼 감정도 물살처럼 흘러버리는 것이다.

SNS 등의 통신 매체를 통해 쉽게 만나고 쉽게 헤어지는 청춘 남녀들이 늘고 있지만, 이전보다 미혼 남녀의 비율 또한 늘어난 현상은 이러한 맥락을 조롱하듯 뒷받침한다. 그래서 '사랑'이라는 감정이 삶의 유일한 위안이라는 것을 알면서도 사회의 거대한 소용돌이 속에서 제대로 된 사랑을 하지 못하는 안타까운 청춘이 넘쳐나는 것이다.

어떻게 사랑하는 건지 잘 봐

사랑할 시간이 부족하지만, 사랑해야만 버틸 수 있는 오늘의 청춘에게 보여주고 싶은 작품이 있다. 2011년 현빈, 탕웨이 주연의 영화 '만추'의 텍스트를 통해 다시 태어난 연극 '만추'가 바로 그것이다.

애나는 어긋나버린 사랑의 끝에 자신의 의지와 상관없이 결정되어버린 결혼과 남편의 폭력으로 점철된 결혼 생활의 끝자락에 폭력으로부터 자기방어를 하기 위해 살인을 저지르게 된다. 그렇게 살인죄로 감옥에 수감된 애나는 어머니의 부고로 인해 짧은 자유를 허락받는데, 그 짧은 72시간의 어귀에서 우연히 훈을 만난다. 훈은 돈 많은 아줌마들에게 몸을 팔아 하루하루를 연명하는 떠돌이다. 각자에게 주어진 제약과 시간의 조류 속에서 우연히 만난 두 남녀의 모습은 사랑할 시간이 부족한 오늘의 청춘의 모습과 닮아 있다.

짧은 시간 만난 두 청춘은 가장 원색적이고 자극적인 사랑을 나눌법하지만 '가장 빠르게' 사랑해야 할 훈과 애나는 '가장 느리게' 사랑을 한다. 작품에는 훈과 애나의 베드신이 단 한 번도 등장하지 않는다. 그 대신 진심 어린 마음으로 훗날을 기약하는 장면들로 꽉 채워진다.

매일 여자를 상대하며 하루 벌어 하루 사는 훈이 기차에서 우연히 만난 여자 애나에게만은 자신이 차고 있던 시계를 직접 채워주는데 이런 훈의 행동은 고리타분하기 짝이 없다. 그러나 이런 어처구니없는 클리셰는 훈에게 애나가 흔해 빠진 여자 손님 중 하나가 아닐 것이라는 의미심장함을 주는 중요한 열쇠가 된다는 점에서 충분히 인상적이다.

수직적 동선을 통해 부각된 감정의 리드미컬

두 인물의 인생에서 기다림이라는 말은 어울리지 않는다. 그러나 작품에서 이들의 사랑을은 격정적이고 자극적으로 그리지 않았다. 그래서 감정 교류의 속도 역시 빠르지 않다. 대신에 인물의 감정 완급은 수직적 동선을 통해 가장 두드러진다.

수직적 동선을 효율적으로 활용할 수 있었던 유인은 이러한 동선에 맞게 디자인된 무대미술의 공이 크다. 아래층과 윗층에 연기 공간을 따로 만들고 배우들이 이 공간을 오르락내리락 하면서 연기를 펼치도록 세트를 장치했기 때문이다. 애나가 가족들과 만나는 장면이나 기억을 되짚어가는 장면들에서는 인물들의 동선이 수평적이며 층 이동이 거의 없다.

이런 장면들은 감정의 표현보다는 정보전달에 그 목적을 둔 부분이기 때문일 것이다. 하지만 훈과 애나가 등장하는 장면들에서는 인물들이 아래층과 윗층의 연기공간을 종횡무진한다. 가장 대표적인 장면은 애나와 훈이 기차를 타고 시애틀로 향하는 과정을 그린 부분이다.

이 부분에서 인물들이 연기를 할 때 두 층을 동시에 활용하도록 연출한 것은 극 내부의 시간을 조절하는 기능을 하기도 하지만 연극에서 공연되는 실제 시간을 늘리는 작용을 하기도 한다. 인물이 윗층으로 이동하는 동안 상대 인물도 이 시간을 기다려야 하지만 이들을 바라보는 관객들도 인물의 이동을 지켜보며 다음 장면을 상상하게 되기 때문이다.

이는 극 내부에서 인물이 경험하는 시간을 관객도 동시에 경험함으로써 관객이 인물의 감정선에 보다 잘 이입되도록 만든 연출적 시도로 볼 수 있다. 즉, 이는 배우들이 펼치는 감정선의 완급 조절을 시간성과 결합시킨 장치이며, 수단으로는 동선을 활용했고 이를 돕기 위해 무대는 수직적으로 디자인된 것으로 분석 가능하다.

배우 이명행을 두고 연극계의 현빈이라 소개하지 말라

이 작품은 일명 '느린 사랑' 이야기이다. 그래서 훈과 애나를 연기하는 배우들 역시 느리고 정적인 사랑의 감정을 연기해야 한다. 이러한 감정을 연기하는 일은 적극적이고 빠른 감정을 표출하는 일보다 어렵다. 게다가 이번 작품은 영화로서 이미 널리 알려진 작품이고, 영화에서 현빈과 탕웨이라는 톱스타가 등장했기 때문에 인물의 이미지가 톱 배우의 이미지와 중첩되어 상징화되었다고 해도 과언이 아닌 작품이다.

그런데 훈 역할의 이명행 배우는 이번 무대에서 '현빈이 연기하는 훈'이 아닌 안쓰러운 남자 '훈'으로 등장했다. 그렇기 때문에 배우 이명행의 대표작인 연극 '푸르른 날에'에서 보여준 민주화 운동을 하던 선생 '민호'를 좋아했던 이명행의 팬들은 이번 작품 만추에서 보여준 배우 이명행의 변신에 적지 않은 충격을 받았을 것이다. 이제까지 차곡차곡 쌓아온 이명행의 '댄디함'은 이번 무대에서는 흔적도 없이 사라졌기 때문이다.

만약 연출자가 배우 현빈의 이미지와 흡사한 외모를 가진 배우를 캐스팅했거나, 훈 역할 배우에게 '현빈스럽도록' 연기하라는 주문을 했거나, 이명행에게 '현빈스러운' 연기를 하라고 주문했다면 어땠을까? 혹은 배우 이명행을 캐스팅하지 않았다면 어떠했을까? 그랬다면 관객들은 진짜 훈을 못 만나고 돌아가야 했을 것이다. 이방인으로서 불안정한 생활을 하며 이곳저곳을 떠도는 훈이라는 인물에게서 느껴지는 불균형, 거기서 나오는 야성미, 그리고 거친 성향과 공존하는 측은함이 이명행이 완성한 훈이기 때문이다. 그래서 관객은 무대 위의 이명행에게 반한 것이 아니라 훈에게 반하게 된다. 그래서 훈을 연기한 이명행은 다음 작품에서 또 어떤 인물로 관객을 사로잡을지 귀추가 주목되는 배우이다.

만추, '늦은 사랑'이 가진 두 가지 의미

　가을에는 유난히 사랑 이야기가 쏟아져 나온다. 가을에 사랑 이야기가 많기 때문에 사랑이라는 감정이 가을과 치환되어 이 둘이 서로 상징화된 것인지, 아니면 사랑하기 좋은 계절이라서 그렇게 된 것인지는 정확히 알 수가 없다.

　선후 관계야 어찌 되었든 '늦은 가을'이라는 의미로 해석되는 이 작품 제목의 맥락적 의미를 살펴본다면 '늦은 사랑'이라는 의미 정도로도 해석 가능하다. 연극 '만추'가 사랑하기에 시간이 부족한 남녀 앞에 놓인 가혹한 운명을 그리고 있다는 점에서는 사랑 자체가 늦었다는 의미로 해석되겠지만 빠르고 가벼운 인스턴트식 사랑이 아니라 느리고 깊은 사랑에 대해 이야기한다고 해석해도 무방하다.

　따라서 작품의 제목인 '만추'가 가진 의미는 이중적이라고 볼 수 있다. 그러므로 인물들의 감정 완급선을 시간의 완급을 통해 잘 녹여낸 이 작품은 기다림이 싫어서 사랑하지 못한다고 핑계를 대거나, 시간이 없어서 사랑할 수 없다고 억지를 쓰는 오늘날의 안타까운 청춘에게 적극 권하고 싶다.

연극 '록산느를 위한 발라드'
― 아름다운 말과 뜨거운 눈빛으로 완성된 노래, 발라드

누가 누구를 사랑하고 그 누군가가 또 다른 누군가를 사랑하는 일은 사랑하는 감정이 소멸되지 않는 한 존재할 것이다. 그래서 인생의 트라이앵글은 절대로 한 곳에 있지 않다. 사랑이 움직이는 그곳에 있다.

인생의 트라이앵글 위에 정처 없이 부유하는 청춘, 시라노, 크리스티앙, 그리고 록산느

무대에 그려진 빨간 삼각형이 유난히 눈에 띈다. 이것을 보면 연극 '록산느를 위한 발라드'에서 당연하게도 삼각관계를 이야기하겠구나 싶다. 역시나 드라마에서는 역시나 삼각관계에 대해 말한다. 그러나 사랑에 대해서는 조금은 다르게 말하고 있다.

사회적 권력이 있는 남자 앙투완, 잘생긴 남자 크리스티앙, 아름다운 언어를 구사하지만 못생긴 남자 시라노 중에 록산느가 가장 먼저 선택한 남자는 잘생긴 남자 크리스티앙이다. 그러나 그녀는 단숨에 깨닫는다. 잘생긴 외모보다는 영혼을 울리는 아름다운 말과 사랑의 언어를 더 사랑한다는 사실을 말이다.

여기, 그리고 지금

물론 이 말들은 못생긴 순정남 시라노가 대신 써준 것인데, 여기까지 상황을 얼핏 보면 시라노의 사랑이 가장 지고지순하고 크리스티앙과 앙투완의 사랑은 굉장히 평범해 보인다. 하지만 작품에서 초점을 맞추고 있는 것은 '무엇을 사랑하는가'에 있지 않다. '끊임없는 사랑'에 있다. 그렇기 때문에 이 작품의 주요 맥락은 누구에게도 맞추어져 있지 않아 보인다.

화려한 외모를 좋아하던 록산느는 어느 순간 영혼의 울림에 마음을 빼앗기게 되고, 세월과 싸우며 그리움을 간직한 사랑에 대해 알게 된다. 동시에 그녀를 사랑했던 남자들 역시 자신들만의 방식으로 록산느를 사랑하는 모습을 보여준다. 전장에서도 총알을 뚫고 편지를 보내는 시라노의 사랑은 편지를 통해 가장 빛났다. 육신의 교감을 가장 좋아했던 크리스티앙은 달빛 아래에서 그녀에게 뜨거운 키스를 남겼다. 자신만의 방식으로 치열하게 사랑하는 모습이다. 그러므로 누가 누구를 사랑하고 그 누군가 또 다른 누군가를 사랑하는 일은 '감정의 생명이 다하지 않는 한' 존재할 것이다. 그래서 인생의 트라이앵글은 절대로 한 곳에 있지 않다. 사랑이 움직이는 '그곳'에 있다.

쉽게 이야기하면서, 정확하게 이야기한 '록산느를 위한 발라드'

연극 '록산느를 위한 발라드'는 시의성 짙은 사회 이야기를 다룬 여타의 국립극단 작품들에 비하면 달달함의 포텐이 터지는 말랑말랑한 작품이다. 그러나 '인생을 산다는 것은 사랑을 한다는 것'이라는 강렬한 한마디를 반복적으로 던지고 있다는 점에서는 결코 이전의 작품들에 뒤지지 않는 여운의 중후함을 선

사한다. 진지한 사회극처럼 어렵고 복잡하게 전개하지 않다는 점에서만 차이가 있는 것이다. 게다가 강렬한 메시지를 던지기 위한 여러 연극적 장치들이 등장한다는 점도 다르다.

악사들의 매력과 아쉬움

눈에 띄는 것은 세션이 무대 위에 노출된 점이다. 인물의 심리나 장면의 분위기가 음악을 통해 바로바로 표현되는 특징을 가진 이 작품에 꽤 적절한 무대 구성이다. 그런데 악사들의 역할은 극 내부의 음악 공급에 그치지 않아 보였다. 악사들은 극 안의 인물로서 주요 인물들과 소통하는 장면이 왕왕 등장했는데, 장면 심리의 음악적 표현에서는 매우 유연했던 모습을 보인 이들의 역할이 극 중 인물로서는 조금 소극적인 태도를 보인 것이다.

우리 전통 연극에서는 이와 비슷한 기능을 하는 역할로 연주자로서 역할을 하며 인물로서도 극의 흐름에 개입하는 '산받이'라는 배역이 있는데 산받이의 경우 극 안에서 매우 적극적이고 유연하게 나서며 극 중 인물로서 입지를 만들어 때로는 관객의 편에 서서 인물들에게 질문을 던지고 때로는 극 중 인물로서 드라마의 흐름을 관객에게 다시 설명하는 중요한 역할을 한다. 그러므로 산받이의 기능적 효용처럼 악기연주자들의 극적 개입이 조금 더 부각됐다면 객석과 무대의 심리적 거리는 많이 좁혀졌을 것이라는 아쉬움이 남는다.

극적 진입장벽을 낮추는 시도에 대한 고민

물론 객석과 무대의 거리가 가까운 공연이 무조건 좋은 공연이라는 것은 아니다. 그러나 공연이 '청소년극'이라는 타이틀을 달고 개막된 이상 주요 타켓층의 하나가 청소년일 텐데 연극에 대한 진입 장벽을 낮추어주는 장치 중 하나로 무대와 객석의 심리적 거리를 가깝게 하는 것은 자연스러운 이치이다. 쉽게 다가가서 연극이 주는 매력에 빠지게 만드는 것이 입문자에 대한 창작자의 기본 의무이기 때문이다.

그렇게 하기 위해서는 이해가 쉽고, 관객의 극적 몰입과 직간접적 참여도가 높은 공연을 만들어야 한다. 그래야 관객의 심리적 개입을 성공적으로 이끌 수 있다고 본다. 이런 기능을 하는 연극적 장치가 바로 '해설자'의 등장이다. 그러므로 이번 공연에서도 악사들이 해설자의 기능을 조금 더 적극적으로 했더라면 더 몰입도 높은 공연이 되었으리라는 아쉬움이 남는다.

조명과 대소도구의 활용을 통해 완성된 미장센

해설자의 기능적 미약함을 완전히 메꾼 무대적 장치가 있다. 조명과 대소도구의 활용이 바로 그 장치들이다. 조명의 경우 날씨나 밤낮 등의 일기 변화를 표현하는데 적극적으로 활용되었다. 배우의 말과 장면 전환 시에 동선에 따라 매우 빈번하게 조명이 바뀌었으며 이는 관객으로 하여금 극적 흐름의 가속을 붙여 재미를 더했다.

특히 다양한 색채를 통해 표현된 상황의 분위기 묘사는 인물들이 처한 고난과 그들의 정서를 직설적으로 대변해주었다. 대소도구의 경우 연기 구역의 확장과 수직적 동선을 가능하도록 도왔다는 점이 가장 인상 깊다. 밧줄을 천장에서 매달아 무대로 길게 늘어뜨려 배우들이 이 밧줄을 오르기도 하고 거꾸로 매달리기도 하고, 빙글빙글 돌기도 하는 연기가 가능하도록 장치했기 때문이다.

덕분에 피터 팬과 같은 애니메이션이나 판타지 영화의 한 장면과 흡사한 미장센이 연출되었다. 사다리 역시 비슷한 기능을 하였는데 록산느와 크리스티앙이 달 아래서 사랑을 맹세하며 키스를 나누는 장면에서 두드러졌다. 숨어서 대신 사랑을 말하는 시라노의 '히든 플레이스'를 확보하면서 록산느와 크리스티앙의 만남이 관객으로 하여금 최대한의 강렬함으로 다가오도록 하기 위한 적절한 장치였다.

'록산느를 위한 발라드'는 누가 보아야 하는가?

아는 것에 대한 향수와 모르는 것에 대한 호기심 속에서 우리는 살아간다.

아마도 사랑의 기원은 알거나 모르는 것에 대한 관심에서 시작되었다고 본다. 그러니 진정한 사랑의 포문조차 열어보지 못한 사람들에게 이 작품을 권하고 싶다. 알고자 하지 않거나 모르는 것에 대해 무관심한 사람들 말이다.

분명 연극 '록산느를 위한 발라드'는 삶의 거대한 틀거리에 눌려 무관심에 천착해있던 이들을 무수한 사랑이 기원하고 소멸하는 새로운 세계로 이끌어 줄 것이기 때문이다.

연극 '멜로드라마'
— 익숙한 추억의 향연

'Cliché(클리셰)'. 원래 인쇄에서 사용하는 연판(鉛版)이라는 뜻의 프랑스어로, 판에 박은 듯한 문구 또는 진부한 표현을 가리키는 말로 사용된다. 클리셰는 모두가 너무 잘 알고 있기 때문에 진부하다. 하지만 인간은 자신의 클리셰와 똑같은 것을 본 순간 그곳에 마음을 빼앗기고 만다. 이때의 클리셰는 진부한 것이 아닌 '익숙한 추억'이기 때문이다.

뮤지컬의 표현 방식을 연극에 접목시켜 정서를 극대화하다

'나는 가수다', '불후의 명곡' 등의 음악 프로그램들은 몇 년 전부터 한국 대중예술계에 부는 새 바람으로써 아직도 그 인기가 식지 않고 있다. 이 프로그램들의 인기요인은 노래를 가수 자신의 해석과 감정이 담긴 드라마 안에 집어넣어 한 편의 작은 연극처럼 연출해낸 것에서 기인한다.

이것은 뮤지컬의 정서 전달 방식과 매우 닮아 있다. 뮤지컬에서 음악은 감정의 완급을 조절하고 정서를 극대화하는 장치로 역할을 하기 때문이다. 따라서 뮤지컬은 관객의 호응을 음악적 표현으로 얻는 셈이다. 음악은 말에 비해 완급 조절이 용이하고 분명한 성격을 가진다. 반면 연극은 연기만으로 정서 전달을 하기 때문에 더 정교한 표현을 위한 고뇌의 시간이 필요하다.

그런데 연극임에도 불구하고 뮤지컬만큼 정서의 완급 조절을 다이내믹하게 해낸 작품이 있다. 연극 '멜로드라마'가 바로 그 작품이다.

음악으로 그리는 연극

'오 당신이 잠든 사이', '김종욱 찾기' 등의 창작 뮤지컬 히트 제조기로 잘 알려진 장유정 연출의 히든카드는 역시나 '음악으로 그리는 연극'이다. 따라서 장유정 연출이 연극을 연출한다고 하면 음악으로 점철된 소위 '연극 빙자 뮤지컬'이 될 것이라는 편견을 가지도 모른다. 그런데 그건 완벽한 오해이다. 이번 연극에서는 다양한 상황에서 겪게 되는 사랑의 정서를 붓으로 그림 그리듯 음악으로 정서를 무대에 그려놓았기 때문이다.

연극에서 사용된 음악은 가사가 없는 연주곡과 서정성이 짙은 남미 음악 등 월드 뮤직 등이 주를 이룬다. 이는 가사로 정서를 전달하려는 일차원적 표현 방식을 선택하지 않고 연극 특유의 여백의 감성을 관객에게 전달하기 위한 고뇌의 흔적이라 할 수 있다.

영화 연출 응용 편: 조명을 활용한 선택과 집중

작품은 음악적 감성을 풍부하게 활용하면서도 가사는 최소화하여 관객의 마음을 움직이는 전략을 쓴다. 이 부분에서 소리의 여백을 조용히 메운 것이 바로 조명이다. 흐름의 중심에 선 인물에게 조도 높은 빛을 비추는 식의 조명 디자인이 그 핵심이다.

이 작품은 큰 움직임이나 과장된 말투를 사용하지 않고 일상어를 구사하는 연기들로 진행되기 때문에 관객의 몰입이 끊기지 않게 하는 것이 매우 중요한 지점이다. 따라서 이러한 조명디자인은 시선을 집중시킨 탁월한 선택이었다고 볼 수 있다.

관객의 몰입도를 높이기 위해 장치한 또 하나의 방법은 작화조차 없는 심플한 무대 디자인이다. 상하의 위치 변화를 주된동선으로 설정하여 최소한의 장소 변화만을 알려주는 무대연출은 관객이 쓸데없는 것을 보지 않아도 된다는 점에서 효과적이다. 게다가 인물이 처해있는 상황과 공간에 대한 상상의 여지를 준다는 점에서도 긍정적이다.

사실 이 방식은 영화에서 많이 사용되는 연출방식이다. 모든행동이 전면적으로 노출된 무대 예술 장르에서는 이러한 선택과 집중의 표현이 다소 어렵다. 그런데 조명을 통해 강조점과소실점을 분명하게 해둠으로써 메시지를 강하게 전달하는 이방식은 연극에서도 제대로 된 선택과 집중을 구현하기 위한 보완책이 된다.

그림으로 극대화된 정서

그림이 등장한 작품의 처음과 후반부, 그리고 주요 장면들은조명을 활용한 연출법을 활용하여 메시지 전달의 효율을 최고조로 높인 지점이다. 첫 장면은 큐레이터인 서경이 그림에 대해설명하는 장면이다. 조명을 서경과 그림에만 집중함으로써 인물의 운명에 대한 강한 암시를 드러낸다.

작품 중반부에 나오는 서경이 찬일과 미현의 불륜을 목격한 후 재현을 찾아가 술김에 재현과 키스를 하는 장면도 같은 맥락으로 연출 된다. 이 장면은 서경과 재현이 앉은 연기 공간 가까이에 그림을 배치하고 인물과 그림이 배치된 지점에만 조도 높은 빛을 노출해 정서를 부각시키기 때문이다.

게다가 격정적으로 키스하는 그림 속 남녀와 무대 위에서 키스하는 서경과 재현은 선택적으로 오버랩 된다. 그렇기 때문에 이 장면은 대사가 전달해야 하는 정서를 그림의 삽입과 빛의 집중을 통해 극대화한 장면 중 하나라 할 수 있다.

작정한 클리셰, 작정한 멜로드라마

연극 '멜로드라마'는 음악과 조명을 활용한 생명력 있는 연출 방식을 통해 완급이 없는 긴 호흡으로 극적 몰입이 떨어지는 정극의 일반적인 단점을 극복한다. 그런데 이야기의 구성은 고루한 소재와 인물들로 가득 차 있다. 하지만 이러한 '고루함'은 특정한 의도 없이 선택된 고루함이 아니다.

제목을 '멜로드라마'로 칭한 것을 통해 이번 작품이 강한 의도를 가짐을 예측할 수 있다. 내용은 예상대로 정형성이 강하다. 능력 있는 커리어 우먼 서경과 무기력한 남편 찬일의 위태로운 부부 관계, 어릴 적 사고로 정신병을 앓고 있는 미현과 시한부 인생을 사는 재현 남매, 그리고 재현의 가족 같은 애인 소이는 멜로드라마에서 흔하게 등장해왔던 인물들이다.

이야기의 흐름 역시 예상대로 권태로운 부부와 상처받은 남매의 엇갈린 사랑, 불륜, 그리고 비극적인 결말로 마무리된다.

하지만 이 작품이 사랑을 소재로 다룬 다른 연극과 달랐던 점은 평범한 구성을 신선한 구성인양 포장하지 않고 오히려 멜로드라마에 등장하는 모든 클리셰를 총출동시켜 누구나 하나쯤 지니고 있는 '익숙한 추억'을 건드렸다는 점이다. '비', '불륜', '사랑'에 대한 정의가 바로 그것들이다.

멜로드라마의 공식 1: 비, 불륜, 사랑에 대한 정의

비극적인 사랑 이야기의 상징인 신파에서 그러하였듯, 이 작품에서도 비는 사랑의 매개체로 등장한다. 마음 둘 곳 없는 찬일과 미현이 비 때문에 포옹을 하게 되는 장면과 서경과 재현이 같은 우산을 쓰면서 사랑을 느끼게 되는 장면은 '좋아한다', '사랑한다' 등의 대사 없이도 두 남녀의 사랑이 시작되었음을 알 수 있는 부분이다.

멜로드라마의 공식 2: 불륜

네 남녀의 엇갈린 사랑은 사실상 불륜이다. 금지된 사랑의 상징인 불륜 역시 멜로드라마의 스테디셀러이다.

그러나 이번 작품은 불륜을 들끓는 욕망의 색채로 그리지 않았다. 찬일에게 시끄러운 음악을 듣기 싫다고 했던 서경이 재현과는 신나는 음악을 듣고 싶어 하고, 써서 마시지 않던 소주를 마시게 되는 모습을 통해 새로운 사랑에 변화하는 인물의 모습을 점진적으로 보여준다. 이는 분명 클리셰이지만 뻔함을 숨기지 않았기 때문에 흡입력이 생겨난다.

멜로드라마의 공식 3: 사랑에 대한 정의

멜로드라마에서 빠질 수 없는 클리셰는 역시나 '사랑에 대한 정의'이다. 이 작품은 사랑에 대한 정의를 관객이 발견하도록 유도한다. 배신을 하지 않은 유부남 찬일을 오히려 놓아주는 미현의 행동이나 재현 앞에서는 사랑한다고 말하지 못하면서 뒤에서는 계속 후회하는 서경의 행동이 바로 그 지점이다.

서경이 재현의 마음을 거절하는 전화 장면도 같은 맥락이다. 입으로는 만나지 말자고 하면서 마음의 거리는 가까워지는 것을 무대 위 몸의 거리를 좁히는 행동을 통해 드러냈기 때문이다. 게다가 사랑의 정의를 한 가지로 제한하지 않았다는 점도 주목할 만하다.

진부함의 덫은 진부함

새로운 사랑이 시작되는 순간 재현이 죽음을 맞이하는 것과 재현의 죽음 이후 찬일이 재현의 삶을 살게 된 설정은 사실 억지스러운 극적 전개이다.

어렵게 이룬 사랑은 역시나 비극적 결말을 맞이한다는 신파의 공식에 너무 충실한 드라마 구조다. 이런 점은 전반적으로는 리얼한 사랑의 모습을 그리고 있지만 결말은 신파의 구도를 그대로 따르게 되면서 클리셰를 이용한 새로운 극적 구조를 선보이기보다는 뻔한 결말로 인한 극적 이입도를 떨어뜨렸다. 또한 무대 위에 작은 무대를 만들어 찬일이 잠시 극 속에서 나와 사랑의 본질에 대해 노래하는 장면 역시 작품 전체의 색채와 이질감이 든다.

물론 이 장면은 메시지 전달과 볼거리 제공이라는 두 마리 토끼를 다 잡았다는 장점도 있다. 심오한 내용의 가사와 대사를 마이크 처리를 하여 강조를 하면서도 형형색색의 조명과 신나는 음악과의 조화를 이루었다는 점에서 그렇다. 하지만 이 장면이 다음 장면과 연결성이 떨어진다는 점이 극의 통일성을 해쳐지기도 한다.

클리셰는 멜로드라마의 정석이다

흔한 이야기가 정당화되는 작품, 클리셰를 제대로 활용한 작품이 바로 연극 '멜로드라마'이다. 더불어 가족과는 멜로가 불가능하다는 메시지가 담긴 '사랑해서 결혼하면 가족 되는 거야.'와 같은 주옥같은 대사 역시 이 작품에 숨은 매력의 지점이다. 따라서 익숙한 추억 가득한 사랑 이야기로 진득한 먹먹함을 이끌어낸 이번 작품은 스펙터클 없이도 할 말 다할 수 있다는 긍정적인 전례가 될 것이다.

제5장

역사의 소용돌이에 휘말린 사람들

연극 '슬픈 인연'

— 슬픈 인연, 그래도 사랑하기 때문에

예술에 감동하는 가장 드라마틱한 순간은 거리를 걸으며 흥얼거리는 노래에 취하는 순간이다. 왜냐하면 이 순간이 자신의 감정과 진정성 있는 음악이 마주하는 최고의 시간이기 때문이다.

여기도 저기도 추억 여행 바람

7080 가요, 쎄시봉 콘서트, 조용필 신곡의 가요 차트 1위 행진 등에서 읽어낼 수 있는 최근 몇 년 동안의 대중문화의 트렌드는 '기성세대의 추억 여행' 정도로 정의 내릴 수 있다. 이는 기성세대들의 젊은 날을 호령했던 왕년의 인기 가수의 노래를 다시 부르는 불후의 명곡과 같은 프로그램이 연일 화제가 되고 있는 것을 통해 확인할 수 있다.

그런데 이 프로그램이 흥미로운 점은 왕년의 인기 가수의 히트곡을 오늘날의 인기 가수들이 다시 불러 지난 히트곡에 대한 향수를 가진 기성세대의 추억을 불러일으키고 있다는 점과 동시에 지난 가요를 모르는 젊은 층들에게 이 곡들이 자연스럽게 소개되어 새로운 측면으로 인기를 끌고 있다는 점이다.

보다 자극적이고 선정적인 표현을 통해 대중의 눈과 귀를 현혹하겠다는 섹시 스타나 아이돌의 가요가 신세대 가요계를 점령하는 동안 한 켠에서는 이렇게 조용히 기성세대의 추억 여행이 약진하고 있다는 것은 아이러니가 아닐 수 없다. 어찌 되었든 대중의 기호가 다양해지고 있다는 측면에서 긍정적이다.

이렇듯 중후한 약진은 연극계에서도 조금씩 태동하고 있다. 약진이라 하기에 큰 울림을 준 김광림의 신작 연극 '슬픈 인연'이 바로 그 선두에 선 작품이다.

시대의 소용돌이에 휘말린 남자 윤석, 그리고 당신

연극 '슬픈 인연'을 단면적으로 설명한다면 중년 남자에게 어느 날 찾아온 사랑에 대해 이야기하는 작품이라고 할 수 있다. 흔한 막장드라마의 소재인 불륜 말이다. 그런데 이 작품을 단순히 불륜 연극이라 단정 지을 수는 없다. 시대의 소용돌이 속에 휩쓸려 자신의 잃어버린 인생을 찾지 못하고 30여 년을 살아온 한 남자의 상처와 치유에 대한 이야기, 그리고 그 남자만의 이야기로 끝나지 않는 이야기라고 정의 내리는 것이 더 정확하다.

작품에서는 민주화 운동을 하며 쫓기던 아버지 때문에 온갖 고초를 겪고, 마음에도 없는 결혼을 하는 총망 받는 서울대 법대생 윤석이 등장한다. 그렇게 고난의 세월을 보낸 윤석의 오늘은 파킨슨병에 걸린 아내를 돌보며 아버지에 대한 원망 버리지 못한 채 살아가는 것이 전부다. 그런 윤석 앞에 30여 년 만에 찾아온 첫사랑 혜숙이 등장하여 이야기가 새로운 국면을 맞이한다는 것이 작품의 설정이다. 연극에서는 윤석의 인생이 꼬인 원인을 '아버지의 민주화 운동'에 방점을 두고 있다. 그렇지만 윤석이라는 인물을 급변하는 한국 근현대사의 모진 세월을 건더온 기성세대로 확대 이입시켜 생각해본다면 고통의 원인은 민주화 운동으로 대변된 집안사에 국한되지 않는다. 중년들이 격변의 세월을 버티며 맞았을 바람은 시대의 크고 작은 사건들이었기 때문이다.

윤석이 아버지의 유골함을 들고 무대 뒤편에서 천천히 걸어오는 장면에서는 무대에 길처럼 배열된 가로등이 마치 기성세대가 걸어온 길을 상징하는 것처럼 보인다. 또한 젊은 윤석이 정보부에 끌려가 고문을 받는 장면에서는 조명의 조도를 명과 암이 동시에 존재하도록 극단적으로 장치하였는데 이는 인생에 드리워진 명과 암을 표현하는 데 효과적이다. 이러한 상징들을 통해 작품이 메시지가 개인사를 담담하게 그려내는데 그치지 않았다는 것을 읽어낼 수 있다.

누가 누구에게 슬픈 인연인가

평생 아버지를 원망하며 살아왔을 윤석에게 아버지는 가족이면서도 슬픈 인연이다. 아버지란 존재는 그에게 꿈을 꿀 수 없게 하였으며, 사랑을 할 수도 없게 했기 때문이다. 30여 년 전 윤석은 혜숙과 첫 키스를 한 다음 날 일본으로 도피한 아버지 대신 정보부에 끌려가 혜숙을 떠나야 했고, 중년이 되어서도 윤석은 아버지에게 받은 상처로 인해 사랑을 해본 적 없는 가슴으로 긴 세월을 살아왔기 때문에 사랑을 잘 표현하지 못한다. 그래서 혜숙에게 슬픈 인연은 윤석이 되고 만다.

윤석과 30여 년 넘게 부부로 살면서도 사랑을 주고받지 못한 모진 세월을 산 여자 순임도 윤석에게는 슬픈 인연이다. 미워하지도 사랑하지도 않는 묘한 관계로 살아온 순임과는 '가족'이라는 단어로 묶여 미움보다 더 지독한 세월을 보내야 했기 때문이다.

치유와 화해를 가장 아름답게 보여주는 방법, 음악

이번 작품에서는 개인의 이야기에서 시작된 상처와 치유를 공론화하기 위한 가장 아름답고 자연스러운 방법으로 음악의 전면화를 선택하였다. 그래서인지 클래식 음악의 삽입이 빈번하다. 특히나 밴드를 조성해 대회에 나가겠다는 설정을 하여 콘서트 형식으로 무대를 꾸민 장면은 연극적으로 새로운 형식미를 주기도 하지만 음악과 예술의 가치를 세대와 성별을 초월한 화해와 치유의 의미로 장치하였다는 점에서 주목할 만하다.

이 부분은 작품 후반부에 배치된 콘서트 장면에서 절정으로 드러난다. 인물들이 각자 악기를 하나씩 맡음으로써 조합된 밴드가 유재하의 '사랑하기 때문에'와 나미의 '슬픈 인연'을 서툴게 연주하는 장면이 바로 그 지점이다.

두 곡 모두 가사가 있는 노래이지만 악기로 연주했기 때문에 무대 위에서 가사가 전달되지는 않는다. 이 두 곡이 잘 알려진 노래이기 때문에 굳이 가사를 전달할 필요가 없었던 점도 있지만, 아마추어들의 진정성 있는 연주를 들으며 스스로 가사를 되뇌이게 되는 여백의 효과를 누리게 하려던 창작자의 센스가 돋보이는 부분이라는 점에서 매력적이다.

슬픈 인연, 그래도 사랑하기 때문에

요즘 유행하는 기성세대 추억 여행용 대중 예술에서 찾을 수 없는 이번 연극의 매력은 기성세대의 모습을 '복고'나 '추억'이라는 단어로 쉽게 담아내 휘발성 강한 콘텐츠로 표현한 것이 아니라 지속 가능하고, 진정성 있게 그려냈다는 점이다.

윤석과 윤석을 둘러싼 주변인들을 통해 그들 역시 젊은이들만큼 SNS를 활발하게 하고 젊은이들만큼 여가와 문화를 누리는 기성세대의 모습을 리얼하게 그려내면서도 그들이 간직한 상처와 회한을 대중성 있는 음악을 통해 담담하게 드러낸 점이 그 부분을 뒷받침할 근거이다.

따라서 이 작품은 대중적 흡입력과 작품의 시의성을 동시에 구사한 작품이라 평가받기에 충분하다. 인연이 때로는 슬프지만 그래도 사랑하기 때문에 살아지는 게 인생이라는 메시지를 유재하의 '사랑하기 때문에'와 나미의 '슬픈 인연'을 통해 적절하게 녹여낸 것을 통해 알 수 있다.

여기, 그리고 지금

연극 '푸르른 날에'
— 불편한 진실을 불편하지 않게 이야기하는 방법

연극 '푸르른 날에'는 5·18 민주 항쟁이라는 역사 배경을 기반한 작품
이다. 때문에 이 연극의 정체성을 시대성이라고 칭하는 경우가 많다.
하지만 이 연극의 또 다른 정체성은 연극적 기호의 향연이다.

웰메이드의 이상을 향한 도전

사람들은 연극을 통해 자신을 보고 타인을 본다. 연극이 가
진 현장성과 실제성 때문에 연극은 인간의 인생을 표현하는
가장 적나라한 장르라는 평가를 받는다. 연극에서는 배우가
등장하여 일상의 말을 하고 일상의 몸짓을 하며 극을 전개해
나가는데 이러한 요소가 연극적 사실성을 부여하는 핵심은 아
니다.

연극에는 사실보다 더 사실 같은 표현을 위한 왜곡의 장치들
이 필요하기 때문이다. 화술의 경우 일상어를 쓰되 극장의 규
모와 인물의 성향을 고려하여 말의 속도와 크기를 조절한다.
만일 사실적인 표현을 하기 위해 일상의 말을 그대로 무대 위
에 가져간다면 전달력이 떨어져 본래의 목적을 달성하기 어려
운 상황에 빠지기 쉽다.

움직임과 동선의 경우도 마찬가지이다. 극적 상황과 인물의 성향, 무대 디자인에 따라 움직임의 크기와 동선의 활용은 실제 인간의 모습보다 과장된 모습으로 왜곡되어야 할 때가 많다. 가령 작은 공간에서 큰 동작을 할 때는 손동작만으로 전체의 움직임을 압축시켜 보여줘 의미를 전달하는 것이 효과적이기 때문이다.

하지만 이러한 왜곡의 기호들은 많이 훈련된 배우들이 펼치는 연극일수록 빛을 발한다. 왜냐하면 왜곡의 기호는 사실과 사실을 표현하는 왜곡이라는 경계의 지점을 표현하는 기호인 만큼 정확하게 짜인 호흡 안에서 표현되어야 무엇을 표현하고자 하는지 관객이 잘 알아챌 수 있기 때문이다.

그러나 이러한 호흡은 많은 시간을 함께 훈련한 과정이 있어야 도출해낼 수 있는 결과다. 한국 연극계에서는 오디션을 통해 때마다 새로운 배우를 모집해 연극을 만드는 것이 일상적 구도가 되어버려 쉽지 않은 일이다. 하지만 이러한 이상을 실현코자 노력한 흔적이 엿보이는 연극들이 왕왕 있어 반갑다. 벌써 5년째, 매년 5월이면 남산예술센터에서 어김없이 공연되어 온 연극 '푸르른 날에'는 그래서 더욱 반갑다.

개인과 역사의 경계에서

이 공연은 역사적 현장의 흐름을 따라가면서 그 안에 휘말려 고민하고 고통받았던 개인의 모습, 그리고 사랑에 대해 다룬다. 그러므로 역사적 맥락에 대한 기본적인 정보 전달과 인물들 간의 정서 전달이 동시에 진행되어야 하는 난제가 있다. 그런데

여기, 그리고 지금

이 작품은 이러한 지점을 독특한 화술과 적극적인 동선의 활용을 통해 해결한다.

화술의 경우 신파조의 빠른 말과 정확하고 큰 말소리를 특징으로 들 수 있다. 자칫 무겁고, 지루해질 수 있는 역사적 행적에 대해서는 신파조의 말씨로 말의 속도를 빠르게 하여 위트있게 전달했다. 전반적인 대사들은 일반적으로 본다면 조금 크고 과장되었다고 생각할 만큼 정확한 발음으로 대사를 구사한다. 객석 어느 자리에 앉아도 배우의 말이 잘 전달될 수 있도록 표현한 것이다.

동선의 경우도 이와 비슷한 양상을 보인다. 이번 작품은 훌륭한 블로킹을 만나볼 수 있는 연극이다. 불안정한 일촉즉발의 시대 분위기는 대열을 맞추어 비슷한 동작을 반복하는 젊은이들의 모습을 통해 매우 강렬한 색채로 표현된다.

또한 이 작품에서는 젊은 날 정혜와 민호, 나이든 정혜와 민호가 동시에 등장해 자신들의 과거를 스토리텔링 한다. 이 부분은 네 명의 배우가 등장하지만 두 사람씩 짝을 지어 두 사람의 감정 상태를 표현해야 하는 고난이도의 블로킹이 요구된다. 그런데 이번 작품에서는 연기 공간의 수직 이동을 충분히 활용하여 이 부분을 표현한다. 중앙에 바닥을 파서 지하 공간으로 수직 이동이 가능하게 만든 무대 디자인이 동선의 역동성을 부여하기 때문이다.

조명 또한 동선의 역동성에 힘을 실었는데, 조도와 색채의 변화가 과감하다는 점이 특징이다. 조명은 장소변화를 표현하는 일등 공신으로 활용된다. 그렇기 때문에 불필요한 암전과 무대 전환이 없다는 점도 주목할 점이다.

시청각적 미장센

남산예술센터는 삼면 무대이면서 돌출무대이다. 따라서 어느 좌석에서든 무대 전체를 한눈에 조망할 수 있다. 게다가 연극 '푸르른 날에'에서는 객석 사방에서 배우들을 등장시키는 동선을 많이 활용한다. 이는 관객이 작품 전체를 바라보는 관점에서 관람할 수 있으면서도 작품의 일원으로 포함될 수 있는 여지를 주는 연출이다.

이야기가 전환되는 시점에서 무대 전면에 불투명 막 뒤로 네 대의 큰 북이 등장한 것 또한 인상적인 상징물이다. 큰 북은 무대 공간에 붉은색 조명과 함께 배치돼 불안정한 시대 상황에 대한 분위기를 표현하는 데 일조한다. 그리고 어지러운 현재에 대한 경고의 소리로써도 역할을 한다.

사실적으로 그려진 지점

상징이 곳곳에 배치된 이 작품에서 리얼하게 그려내는 것은 작품의 핵심을 이끌어가는 주제와 맞물린 지점이다. 작품에서 민호는 소위 지식인이다. 그는 가족의 일화와 역사적 사건의 혼재 속에서 개인이 사회의 시류에 휩쓸리지 않고 올바른 판단을 내려야 한다는 자기암시를 끊임없이 보낸다. 군의 총칼에 맞서 싸우자는 동네 젊은이들을 위해 투쟁만이 살길이 아니라고 회유하는 부분을 근거로 제시할 수 있다.

역사에서는 젊은이들이 투쟁만을 원했던 것처럼 기록된 점이 있지만, 실제로는 민호처럼 그 경계에서 끊임없이 고민한 것이 그 시대 젊은이의 실제일지도 모르기 때문이다. 게다가 선생이라 불리는 민호의 말 한마디에 갈대처럼 흔들리는 동네 젊은이들의 모습은 지식인의 말에 흔들리던 대중의 모습이라고 볼 수 있다.

이분법을 걷어내니 두드러진 시대성

작품은 역사적 사실을 정부와 광주시민으로 양분하여 그리지 않는다. 따라서 일방적으로 정부를 비판하는 형식으로 작품을 이끌지 않는다. 이것은 작품이 실제 인물과 고유 명사들을 적나라하게 언급하지 않았다는 점을 통해 드러난다. 또한 그러한 이분법 대신 당시 젊은이들의 의지적 삶을 '푸르름'이라는 시각성을 부여해 상징으로 도드라지게 만든다.

이는 역사라는 민감한 지점에 대한 완충재가 되어 준다. 이야기에서 이분법을 걷어내니 역사의 현장을 더 객관적으로 볼 수 있게 된 효과도 동시에 누리게 된 것이다.

1980년 5월을 그려낸 김남주 시인의 '학살 2'를 떼로 낭독하는 장면 역시 같은 맥락이다. 역사적 그날의 보고를 떼창하는 젊은이들의 모습은 굉장히 강렬한 미장센을 제시한다.

이 장면은 계몽연극이 표방했던 바라고 해도 과언이 아닐 정도로 색채가 강하다. 하지만 이 장면은 문학 작품을 차용하여

표현을 한데다 실제 인물을 거론하여 비판하지 않았기 때문에
현상 자체를 객관적으로 볼 수 있게 했다.

여기, 그리고 지금

연극 '빛의 제국'
― 어두운 시대에 필요한 빛에 대한 이야기

북한과 남한, 가깝고도 먼 곳에 대한 이야기는 분단이라는 단어와 함께 끝 모를 쳇바퀴처럼 반복된다. 반복에서 찾을 수 있는 의미는 시대와 인간에 대한 이해, 그리고 진정성 있는 반향의 자세에서만이 나온다.

같은 소재 다른 느낌

몇 해 전 개봉한 영화 '은밀하게 위대하게'는 톱스타 김수현이 주연으로 출연한 작품으로 난파 간첩의 남한 한국 체류라는 소재로 인간의 정체성과 분단의 상황에 대해 그렸다. 대중성과 오락성을 필두로 분단의 상황에 대한 인식과 현상에 대한 표현을 리듬감 있게 풀어나가서 흥행에 성공한 작품이다.

이 영화와 매우 흡사한 전개로 드라마가 진행되는 또 다른 작품이 요즘 서울에서 주목을 받고 있다. 김영하의 원작 소설을 무대화시킨 연극 '빛의 제국'이 바로 그 주인공이다.

표현과 의도가 부합하지 못할 때 오는 갈증

이번 작품 '빛의 제국'은 김영하의 원작 소설을 바탕으로 서울에 장기 체류하게 된 난파 간첩 김기영에 대한 이야기이다. 그러나 앞서 소개한 영화와는 달리 인물 개인의 전사를 가지고 드라마를 극적으로 몰아가는 형태의 전개가 아닌 분단의 상황과 이에 대한 사회적 인식 등에 대한 언급에 좀 더 많은 초점을 맞추어 표현하였다.

인물들은 무대 옆면에 세워진 스탠드 마이크 앞에 서서 자기 이야기를 한다. 마치 인터뷰를 하는 듯 자신이 겪은 이야기를 소개하거나 심경에 대해 이야기한다. 영화 '은밀하게 위대하게'가 톱스타 김수현을 내세워 인물의 행방에 시선을 고정하였다면 연극 '빛의 제국'은 모놀로그의 형식을 빌려 더 많은 사회적 이슈와 사건에 대한 상세하고 정확한 전달을 가능케 연출하였다.

하지만 이번 작품은 대중성도, 사회적 상황에 대한 명확한 메시지도 정확하게 전달하지 못했다. 이유는 작품의 완성도의 문제라기보다는 처음부터 끝까지 인물들의 심경, 경험을 나열하는 방법으로 일관한 작품의 표현방식이 작품 전체의 리듬감과 운동성을 정체시킨 것 때문에서 온 오류였다고 본다.

분단 문제는 사회의 여러 이해관계가 얽혀있고 역사적 맥락으로 풀어야 할 부분이 너무나 많은 사안이지만 그 중심에는 민족 정서에 호소하여 인지되는 부분을 배제할 수 없는 문제이다. 또한 여러 난파 간첩에 대한 정보를 전달하는데 핵심을 둔 작품이 아닌 인간 김기영과 그를 둘러싼 삶과 그의 사람들에 대한 이야기를 다룬 작품이므로 이는 표현이 의도와 부합하지 못한 안타까운 경우라고 볼 수 있다.

김영하에 원작에서 분명히 자아 내부의 갈등, 인간관계에서의 갈등에 대해 섬세하게 그렸고, 연극에서도 이 부분을 살려 표현할 수 있는 여지가 많았다. 하지만 연출은 이 부분에 초점을 맞추지 않았다. 원작에서 찾아낼 수 있었던 작품의 깊이를 놓친 부분이기에 아쉬움이 많이 남는다.

현대 미술의 메커니즘을 닮은 연극, 빛의 제국

현대 미술에서 한창 중심을 차지하고 있던 작업 방식은 설치와 영상의 결합이다. 소위 '백남준 스타일'이라고 불린 이러한 작업 방식은 '다원 예술'이라는 이름으로 다시 태어나는 중이다. 다원예술은 말 그대로 다양한 장르의 형태가 그 고유성은 유지되면서도 하나의 작품으로 귀결되어 표현되는 형태를 일컫는 표현방식인데 미술계에서 시작된 방식이다. 이번 작품에서 보여준 배우들의 모놀로그와도 같은 대사 표현과 작품 속 인물의 일상이 영상을 통해 동시 노출되는 무대 연출은 다원 예술의 방식과 비슷한 색채를 가진다고 볼 수 있다.

영화과 연극이 결합된 형태라는 점에서 원예술의 경향성, 설치미술의 메커니즘과 비슷하다. 작품의 의도를 정확하게 전달하는데 영상과 인물의 연기가 동시에 펼쳐지는 것은 매우 효율적이다. 그러나 상상의 여지를 주지 않는다는 양면성이 존재한다. 스탠드 마이크 앞에서 인물들이 던지는 말들은 개인적 경험임과 동시에 북한에 대한 사회적 인식에 대한 것들이 대부분이다.

빨갱이, 악마, 짐승 등의 사회 암적 존재로 치부되어온 북한에 대한 대중의 인식과 이러한 인식을 심는 언론에 폭로를 담는 장면이 빈번히 등장한다. 사회적 이슈가 된 사건들이나 근대화의 과정에서 북한을 상징화한 만화, 영상 자료 등을 배경으로 등장시켜 관객의 이해를 돕는 무대연출을 한 것이다.

장치를 걷어내니 몰입이 다가왔다

아무것도 없는 회백색 벽, 사무실을 연상케 하는 테이블과 의자, 극장조명이 아니라 사무실 조명등을 설치하여 정말 사무실을 옮겨놓은 듯한 단순한 무대로 프로시니엄을 채운 이번 작품은 영상 활용을 위한 균형감을 맞추기 위한 최선의 선택이었다.

객석등을 완전히 소등하지 않고 공연을 시작하고, 점점 조도를 낮추며 관객이 배우의 말에 점차 몰입하고, 나아가 드라마에 자연스럽게 몰입되도록 장치한 면에서 이번 작품은 조명을 최소화하는 것으로 극적 몰입을 시도한 작품이라 볼 수 있다. 다시 말해, 연극이지만 연극이 아니라는 인상을 주는 무대연출을 통해 관객은 그저 눈앞에 벌어지는 일을 지켜보며 '나도 모르게' 몰입을 하게 되는 것이다.

이러한 장치는 무대에 노출되는 인물의 일상이 담긴 영상을 관객이 관람하면서, 무대 위에서 영상을 지켜보는 배우들의 표정과 태도도 지켜보게 되는 이중적 시선을 볼 수 있는 부분에서도 읽어낼 수 있다.

빛의 제국, 남은 아쉬움

연극 '빛의 제국'은 혼돈의 시대에 필요한 불가분한 연극이다. 왜냐하면 반백 년 넘게 분단의 상처를 경험하고 있는 민족 정서가 짙은 감정이 묻어 있고, 사회적으로 갈무리되지 않은 이념 갈등에 대한 상황, 역사적 사실이나 이슈에 대한 언급이 모두 존재하는 작품이기 때문이다. 그러나 표현의 방식에서 정서와 정보의 조화와 배열의 리듬감을 살리지 못하고 인물의 감정, 역사적 사실이나 이슈 나열만 하다 끝나버려 많은 아쉬움이 남는다. 이는 작품이 공연되는 내내 너무 많은 '사이'가 존재했기 때문이다.

운동성을 방해한 '사이'들이 사건과 사건의 연결성을 더 끊어버린 결과를 가져왔다. 게다가 문제의식에 대한 반향이 명확히 드러나 있지 않다는 점이 가장 답답했던 부분이다. 이러한 지점은 민감하고 과감해야 할 부분인데도 불구하고, 분단 상황에 놓인 한국의 현재적 위치, 이에 대한 사회적 이슈에 대해 담담하게 다루고 있는 김영하의 원작에 비해 이런 부분을 명확하게 짚어주지 않았다는 점에서 안타까움 자아냈다.

연극 '국물 있사옵니다'
― 그 많던 국물은 누가 다 먹었나

이근삼의 희곡 '국물 있사옵니다'는 시기적절하게 제2의 전성기를 맞이하게 된다. 비논리, 비상식이 극렬히 판치는 오늘날 이근삼이 말한 국물은 그 어디에도 없다. 국물도 없는 세상에서 도대체 어떻게 사는 것이 바른 삶인가.

국립극단의 선택 '시의성'

백성희장민호극장은 국립극단의 레퍼토리 공연을 주로 상연하는 극장이다. 서울역 뒤편 소화 병원 옆 컨테이너를 개조한 이 극장은 그다지 크지 않은 규모의 공연장이다. 빨간 외관에 초록 잔디로 가득한 야외 로비가 어울린 이 극장은 국립단체의 본거지라는 무게감과는 다르게 아담하고 소박한 느낌을 준다.

몇 해 전, 자의 반, 타의 반으로 국립극장 산하에서 독립한 국립극단의 변화된 이미지와 맞아떨어지는 정서이다. 대중성과 시의성을 겸비한 다양한 레퍼토리를 선보이겠다는 의미심장함에서 국립극단이 택한 카드는 '시의성'에 더 무게를 싣고있다. 이번에 백성희장민호극장에서 막이 오른 이근삼 작, 연극 '국물 있사옵니다'가 그 주제어에 가장 부합하는 공연이라할 수 있다.

말로 말을 거는 연극 '국물 있사옵니다'

연극 '국물 있사옵니다'는 도시 어디에서라도 한번은 만났을 법한 평범한 남자 상범의 성공담이다. '성공담'을 통해 이야기가 전개되다 보니 이 공연은 유독 대사가 많다. 실제로 상범은 관객을 전적으로 바라보며 객석을 향해 자신의 삶에 대해 설명한다. 관객에게 적극적으로 '말을 거는 것'이다. 그렇게 자연스럽게 자신의 이야기에 관객을 끌어들인다.

그의 이야기는 시간의 흐름에 따라 진행된다. 상범은 철저히 관객을 바라보여 관객과 소통하는데 이야기 전달자로 역할을 하는 것이다. 그러다가 자신이 소개하는 자신의 이야기 속에 자신으로 이입되어 인물로서 행동하기도 한다.

슬랩스틱의 다른 이름, 개성

이 작품은 이렇다 할 무대 장치나 의상이 있는 것도 아니다. 상범은 자신이 겪은 사건을 해설하며 당시의 감정을 설명하는데, 그렇다 보니 유난히 말이 많은 것이 이 작품의 특징이다.

그런데 전혀 지루하지가 않다. 인물이 무슨 이야기를 하는지 명확하게 알 수 있다. 왜냐하면 그가 반복적으로 보여주는 희극성 짙은 동작들 때문이다. 자신이 겪은 성공의 경험들을 소개할 때마다 두 주먹을 쥐고 상체를 옆으로 튼 채 무릎을 구부려 깡총 뛰는 동작을 반복적으로 보여주는 것이 상범이 관객에게 자신을 어필하는 방법이다.

상범뿐만 아니라 상범의 주변 인물들 역시 저마다의 우스꽝스러움을 가진다. 대부분이 말투를 독특하게 하거나 우스꽝스러운 몸동작을 하는 슬랩스틱이다. 이 슬랩스틱들은 유난히 말이 많은 이 연극의 지루함을 날려버릴 웃음의 포인트로서 작용한다. 게다가 과장된 몸짓에 어울리는 음향의 삽입은 장면의 분위기를 고조시킨다. 그러니 이 작품에서 인물들이 보여주는 슬랩스틱은 단순히 코믹적 기능만 하는 것이 아니다. 인물들의 개성을 뚜렷이 드러내는 기능을 하는데 기여하는 바도 컸기 때문이다.

작품의 메시지를 전달하기 위해 만든 상징들

작품은 도시에 존재하는 다양한 인물 군상을 희극적 색채로 자연스럽게 배치함으로써 그렇게 사회의 단면을 무대 위로 자연스럽게 옮겨 놓았다. 이들의 복잡한 동선이 연극의 목적성을 강조한다. 첫 장면 같은 경우 여러 인물이 다양한 입·퇴장구에서 한꺼번에 쏟아져 나와 어지럽게 이동하는데 자신의 갈 길이 바빠 주변을 돌아보지 못하는 사회의 모습이 드러나는 단면이다. 장면의 분위기 조성을 위해 하나의 인물만 등장해도 되는 장면에서도 여러 명의 인물이 여러 입구에서 무대 위로 한꺼번에 등장해 복잡한 동선으로 말미암은 미장센을 만든 것이다.

계단 모양의 벽이 겹겹이 설치된 무대 벽 또한 권력의 상하 관계에서 오르락내리락하는 도시의 다양한 군상들에 대한 상징을 드러낸 부분이다. 배우가 공연을 하며 실제로 활용하지 않지만 겹겹이 설치된 계단은 작품의 메시지를 전달하기 위한 미장센 구현을 목적으로 한 계단이 된 셈이다.

상징과 사실의 공존

무대미술은 상징적이고 철학적인 메시지를 부각하는 것에 기여했는데, 이 작품의 실제적 진행자인 배우의 말은 너무나 많다. 게다가 사실적이다. 우리 주변에서 쓰는 말을 무대 위에서 있는 그대로 내뱉는다. 개념과 표현방식의 괴리이자 공존이다.

그런데 이번 연극에서는 상징과 사실을 공존하게 하면서 작품이 말하는 바도 분명히 드러내면서도 현실감 있는 표현까지 가능하도록 연출하였다. 쉽지 않은 선택이었을 것이다. 이 둘을 한 작품에 공존시킨다는 것은 자칫 이도 저도 아닌 산만한 연극이 될 뻔한 시도였는데 그렇게 그려지지 않았다. 이는 배우의 명확한 화술과 의미를 쉽게 알 수 있는 강렬한 무대 디자인의 역할이 컸다고 본다.

'국물 있사옵니다'의 '국물'은 무엇인가?

비상식이 상식이 되는 시대는 바로 오늘이다. 그런 맥락에서 새로운 상식을 찾고자 애쓰고 새로운 상식을 가지고 승승장구하는 상범의 이야기를 다룬 희곡 '국물 있사옵니다'가 가지는 현대적 시의성은 매우 크다.

오늘날 이 작품이 연극으로 표현되기에 너무나 적절하다는 말이다. 그러나 적절함이 주는 무게는 너무나 무겁다. 그렇기 때문에 이 작품의 흥행 여하를 떠나 의미를 가진다. '국물 있사옵니다'의 국물은 '상식'을 의미한다. 상식이 있다는 말을 '사옵니다'라는 극존칭 어미를 활용하여 비꼰 이 작품의 제목을 통해서도 이 작품이 상식이 부재하는 세상에서 그 상식의 자리를 채우는 비상식, 몰상식에 대한 이야기를 하고 있다.

그런데 공연장의 허술한 방음 덕에 외부에서 들리는 자동차 소음이 극장 안을 장악하는 점은 진실로 비상식이 아닐 수 없다. 비단 이번 공연에서만 느낀 점은 아니다. 하지만 이번 공연에서는 이런 비상식이 상식으로 통했다.

비상식이 판치는 혼란스런 이 도시에서 새로운 상식을 가지고 무위도식하는 상범의 모습을 부각시키기에는 도시의 어지러운 소음의 대표성을 가진 소리인 자동차 소음은 가장 좋은 배경 음향이 되어 주었다. 우연적 요소가 더 연극성을 강하게 만든 순간이 아닐 수 없다.

연극 '이영녀'
— 연극 이영녀에 대한 기대, 그리고 실제

자연주의 연극은 너무 적나라하다. 너무 사실적이어서 보기 불편할 정도이다. 그런데 불편하다고 피할 수 없다. 봐야만 한다. 그래야만 세상이 바뀐다. 그렇기 때문에 자연주의 연극은 많이 공연되어야 한다.

자연스러운 것이 사실적인 것

사실적이라는 것은 가장 왜곡이 없는 표현 상태를 두고 하는 말이다. 그렇기 때문에 사실주의 연극이라 함은 현실과 가장 비슷하게 표현된 작품을 말한다. 그렇다면 현실과 가장 비슷하게 표현되었다 함은 무엇을 의미할까. 현실과 가장 비슷하려면 '자연스러워'야 한다. 현실의 모습을 여과 없이, 물 흐르듯이, 자연스럽게 내어놓는 것이 바로 사실적인 것이다.

그러므로 자연주의 연극은 현실에서의 많은 부분을 차지하는 어두운 면을 좀 더 집중적으로 조명하는 경우가 많다. 따라서 아무리 어두운 현실이라도 날 것 그대로 표현한 예술사조인 자연주의는 사실주의와 깊은 연관을 맺는다. 1925년에 발표된 김우진 작, 연극 '이영녀' 역시 당대의 힘든 현실을 가공없이 드러내 사실성을 부각한 표현 방식으로 메시지를 전달하고자 한 한국 대표 자연주의 연극이다.

자연주의 공식에 잘 맞는 희곡 이영녀, 그렇다면 연극 이영녀의 공식은?

희곡 '이영녀'는 자연주의 작품이라는 수식어에 걸맞게 자연주의의 여러 공식에 따라 사실적인 표현을 구사하도록 쓰여졌다. 일상어를 풍부하게 활용한 대사들을 주축으로 무대와 객석의 완벽한 분리를 이행해낸 방식이 바로 그 대표 공식이다.

이번 국립극단에서 공연한 연극 '이영녀' 역시 이 공식을 기본적으로 따르고 있다. 하지만 이번 작품은 희곡에서 유도했던 사실주의적인 표현 방식에서 머물지 않고 여러 다양한 연출적 시도를 통해 작품의 메시지를 전달하고자 한다.

공식 1: 단조로움을 걷어내기 위한 방법, 색채의 강조

가장 먼저 언급할 부분은 작품 전반의 색채이다. 작품은 분명 1920년대의 암울한 현실에 대해 인물들의 입을 통해 상당히 많은 양의 말을 내뱉도록 장치하는 사실적인 방식을 택하면서도 무대는 상대적으로 모호하게 표현한다.

낡은 가구들과 넝마가 가득한 무대와 조도를 매우 낮게 디자인한 조명의 조화가 이뤄내는 연기 공간은 목포 유달산 부근 빈민촌의 분위기를 자아낼 뿐이지, 소름끼칠 만큼 당대의 현실을 사실적으로 재현하지는 않기 때문이다. 1920년대의 을씨년스러운 느낌을 주요 감각으로 내세운 추상적인 디자인인 것이다. 이러한 무대와 조명 디자인은 사실적 표현이 극적 전개의 주를 이룬 이 작품이 범할 수 있는 단조로움의 우를 걷어내는 역할을 하기에 충분하다.

공식 2: 사실적인 인물들이 보여준 정지 화면 연기법이 가져다준 결과

근대사의 어두운 시절에 대해 적나라하게 다룬 연극 '이영녀'에 등장하는 인물들은 예상대로 범상치 않다. 온전함이란 없던 시대에 현실을 버텨내기 위해 바둥거려야 했던 인물들은 각자 결핍을 내포한 모습으로 등장해 이 연극을 가득 메운다.

부족한 재화를 둘러싸고 벌어지는 전쟁 같은 삶의 시간들에서 인물들은 '기형적'일 수밖에 없다. 이러한 기형적인 모습은 현실에 팽배한 인간 군상이다. 그런데 당대 현실에서 갓 튀어나온 듯한 인간들이 보여주는 행동 양식은 현실적으로 표현되지 않는다. 내레이터가 인물이 등장할 때마다 소개를 하고 등장한 인물들은 자신이 소개되는 동안 슬로우 모션으로 움직임을 구사했다가 소개가 끝나면 일상의 움직임으로 회귀하는 연출방식을 활용해 표현되기 때문이다.

이는 사실주의적 연기양식과는 거리가 멀며, 현실성 짙은 인물 군상과 모순된다. 마치 어름 땡 놀이하는 것 같은 이 연출 방식은 인물들에 대한 관심의 흐름을 깨버려 당시의 현실 안에 인물을 자연스럽게 배열하여 극적 몰입을 하는 감정 이입의 과정을 방해하기 때문이다. 이러한 행동 표현은 이 작품 전반에 빈번하게 등장하는데 작품에 등장하는 인물들은 대부분 결핍을 안고 존재하기 때문에 자칫 이러한 움직임 연기가 그들의 '기형적인 측면'을 강조하기 위한 지점으로 오인될 가능성이 높고, 관객의 입장에서는 슬랩스틱으로 전달될 소지가 있다. 특히나 배우들 간 호흡이 잘 맞아 들어가지 않았던 지점들의 경우 코믹적 표현으로 이해될 소지가 더 많다. 따라서 이러한 표현이 지속적으로 나오니 작품의 흐름을 따라가고자 집중했던 관객의 이입도를 떨어드리는 역반응을 가져올 수 있었을 것이다.

그러나 이 지점은 자연주의의 사실적인 구현이 가져올 단점을 보완하기 위한 연출의 히든카드가 아닐 수 없다. 하지만 작품에 대한, 시대에 대한 선행이해가 없는 관객의 경우 이러한 연출을 맥락적으로 이해하기보다 그냥 코미디로만 받아들일 수 있다. 관객은 시대에 대한 공부를 하고 오지 않는다. 예술에서 보여주는 게 그 시대라고 믿는다. 따라서 더 친절하게 구현해줄수록 좋다.

이영녀라는 작품에게 품는 기대, 그리고 시의성

이 작품은 90년 만에 초연되는 김우진의 작품이라는 점과 그러한 작품을 국립극단이 공연한다는 점만 미루어 보아도 화제몰이가 되는 기대작이다. 게다가 이 작품은 근대화의 과정에서 자본주의의 격변기였던 1920년대의 사회적 문제점이었던 빈곤 문제, 전통 구조의 강조가 야기하는 사회 모순에 대한 이야기를 아주 적나라한 색채로 한다는 점에서 더욱 기대를 모은다.

특히나 작품에서 이영녀라는 여성을 내세워 사회의 모순을 부각하는 점은 남성우월주의적 관습이 만연한 우리 사회에 극복해야 할 과제인 여성의 인권 문제에 대한 경종의 시선을 읽어내기에 충분하므로 현대 관객에게 시의성까지 부여할 수 있는 지점이다.

특히 이영녀의 하나뿐인 아들 관구에 대해 자세히 들여다보면 알 수 있다. 이영녀가 몸을 팔아가며 삶의 고난과 싸우는 이유는 아들 관구를 학교에 보내 공부를 가르치기 위한 것인데 관구는 실제로 집안을 일으킬만한 희망적인 인물이 아니다. 매일 누나랑 싸우거나 친구와 싸우고 돌아와 눈물 바람을 하며 하루를 보내는 나약한 아이로 등장한다. 그래서인지 관구는 남자아이인데 여자배우가 연기한다.

남성들에게 성적 학대를 당하면서까지 돈을 버는 것이 또 다른 남성인 관구를 위한 것이라는 이영녀의 인생의 고리는 아직도 팽배하는 남성 위주 사회구조에 살아가는 여성 앞에 놓여진 커다란 장벽으로 볼 수 있다. 게다가 집안의 희망으로 상징되는 관구를 희망적으로 그리지 않으면서 희망으로 상징했다는 점은 여성들에게 장벽으로 존재하는 사회의 많은 알레고리를 보여준다는 점에서 인상적이다.

여자에게 슈퍼 파워를 강요는 사회, "요즘 여자치고 갈보 아닌 여자가 있나요?"

현대 사회가 모계 사회로 전환되고 있다는 견해가 있다. 그런데 그러한 시대의 흐름이 만연할수록 여성들에게 지워진 삶의 굴레는 가중된다. 아직 우리 사회는 남성 위주 사회구조에서 벗어나지 못했기 때문에 여성은 가사의 의무를 하면서 경제 활동을 해야 하고, 자신의 인권 신장을 위해 투쟁까지 해야 하는 상황이 오버랩 되는 것이 현실이다.

이는 객사한 남편 대신 아이들을 돌보면서 돈벌이도 해야 하고, 거친 세상과 맞서야 하는 복합적 고난에 휘말린 이영녀의 삶을 들여다보면 금방 알 수 있는 지점이다. 게다가 여성들에게 집중되는 이러한 고생은 남성들의 무력함을 가시화시키는 장치가 되므로 모계사회로의 전환되는 현시점의 흐름과 맞닿은 지점이라는 점에서 상당한 설득력이 있다.

여기, 그리고 지금

연극 '토막'
─ 토막에 사는 작은 토막들에 대한 단상

막이 오르자 불이 켜지고 빈 무대 중앙에는 직사각형 두 개를 이어 놓은 듯한 하얀 세트가 덩그러니 놓여져 있다. 그리고 그 뒤로 붉은 색의 알 수 없는 작화가 두드러진 하얀 벽면이 놓여 있다. 무미건조한 직각의 세트와 알 수 없는 붉은 그림이 작화된 벽은 심상치 않은 일 일 일어날 것임을 예측게 한다.

단순한 무대미술과 맞물린 정적인 동선

명서네 가족은 명서를 중심으로 이 좁은 세트에 오밀조밀 앉 아있다. 세트는 무대 전체 공간이 공허하다 싶을 만큼 좁다. 그 좁은 세트 위에 한 자리씩 자지하고 앉아 자신의 이야기를 펼 치는 인물들이 명서와 명서의 처, 그의 딸 금녀이다.

이들은 세트에 마치 발이 묶인 것처럼 움직임의 변화가 없다. 이들 중 거동이 불편하다고 알려진 인물은 아무도 없다. 그런 데도 이들은 이 하얀 네모 안에서 옴짝달싹하지 않는다. 세 인 물의 이러한 비운동성은 이 집에 손님이 찾아오는 장면에서 두 드러지는데, 손님이 와도 별다른 움직임을 보이지 않는 명서네 사람들의 모습은 손님들이 보여주는 운동성과 대비되어 더욱 정적으로 표현된다.

가장 대표적인 장면은 구장이 명수에 대한 신문 기사를 가지고 명서의 집을 방문하는 장면이다. 아들에게 큰일이 벌어졌다는 것을 직감하게 되는 장면임에도 불구하고 세 가족은 작은 토막 같은 집에서 모여 앉아 신문 기사를 뚫어져라 바라보기만 한다.

명서가 반정부 투쟁을 한다는 어마어마한 일에 대해 신문 기사의 내용조차 제대로 이해하지 못하고, 아무것도 할 수 없는 이들 일가의 모습에 구장은 혀를 내두르며 답답한 심경을 드러내고 떠난다. 이 장면에서 관객 역시 답답함을 느꼈을 것이다. 그러므로 토막으로 상징되는 무대 위 직각 세트 위에서 옴짝달싹하지 못하고 하루하루를 견디는 명서네의 모습은 이 가족이 처해있는 현실과 현실에 대해 무기력함을 가장 강렬하게 표현하기 위한 방법이었음을 알 수 있다.

병리적 인물을 통해 드러난 무력한 어제와 오늘, 그리고 내일

명서는 병이 있어서 작품 내내 토막의 한 자리를 차지하고 앉아 끙끙거리는 신음소리를 낸다. 게다가 명서는 이 집의 가장 큰 어른이지만 새로운 사건이 일어나도 적극적인 행동을 하거나 영향력 있는 언급을 하지 않는다. 그저 앓는 소리만 낼 뿐이다.

명서는 아버지 세대로 대변되는 인물이다. 그렇기 때문에 시대적 맥락에서 과거에 해당한다고 볼 수 있다. 그러므로 명서가 병석에 앉아 있다는 설정과 더불어 아무런 영향력을 미치지 못하는 인물로 등장하는 모습은 기성세대의 무력화와 더불어 발전성 없던 과거에 대한 단상이다.

그런데 젊은 세대로 대변되는 명수와 금녀 역시 긍정적이고
적극적인 행동 양태를 보이지는 않는다. 일본으로 일하러 간
뒤 소식이 끊긴 명수 대신 집에 남은 젊은이 금녀의 일상은 어
머니를 도와 하루 종일 방 안에서 구슬을 꿰는 일의 반복이다.

굽은 등을 이끌고 짧은 거리조차 엉금엉금 이동하는 금녀의
모습은 구세대로 대변되는 명서가 보여준 무기력과 다를 바가
없다. 오히려 금녀가 보여준 무기력은 미래에 대한 무기력으로
대변되어 병약한 명서의 모습보다 더 비극적으로 보인다.

희한하게 맞아떨어지는 오늘날과 토막

신세대는 구시대의 관습을 깨고 새 시대를 열어서 자연스럽
게 새 시대의 주도세력으로 자리 잡아야 한다. 그런데 이 작품
에서 등장한 젊은이들은 하나같이 무력하다. 현실에 목도되는
고통이 두려워 떠나거나 남았어도 행동하지 못하는 모습을 보
였기 때문이다.

조선에서는 아무것도 할 수가 없다며 일본으로 떠나겠다는
삼조의 부르짖음을 통해 현실의 고통을 목도하기 싫은 젊은이
들의 모습을 적나라하게 볼 수 있다. 새 시대를 열어야 하는 젊
은이들은 떠나서는 안 된다. 자신의 자리에서 시대의 불온전성
을 견디고, 개혁하고자 투쟁해야 한다. 시대의 흐름은 늘 변하
고 그 변곡점에서는 늘 문제가 발생한다. 그런데 그 문제를 해
결할 수 있는 것은 젊은이들뿐이다. 그러나 이 작품에 등장한
젊은이들은 문제와 정면승부하기를 거부한다.

이번 작품의 핵심 인물인 명수 역시 직접적으로 언급되지는 않았지만 일본에서 민주화 운동에 참여한 것으로 미루어보아 삼조가 생각한 것처럼 조선이라는 나라에서는 희망의 가능성이 낮다고 생각하고 떠난 젊은이 중이 하나일 것이라 짐작된다.

오늘날 현실에서도 현실의 부당함과 고통을 목도하는 것을 남의 일로 미루고자 하는 젊은이들이 많다. 물론 젊은이들이 사회의 병리를 모두 짊어져야 하는 것은 아니지만 관심 가지고 싶어 하지 않는 신세대들이 많다.

젊은 세대의 정치적 무관심이나 열악한 노동 환경에 적극적으로 대응하지 않는 모습, 그러한 노동 환경이 싫다며 해외 취업을 준비하는 신세대의 행동 양태에서 쉽게 읽어낼 수 있는 지점이다.

또한 금녀를 통해 젊은이들의 현주소를 정확하게 인지할 수 있다. 금녀는 오빠 명수가 일본에서 항쟁을 하다 죽었다는 말들 듣고, 부르짖는다. 이 부분은 연극 안에서 금녀가 가장 적극적으로 감정을 표현한 장면이다. 금녀 또한 사회개혁의 필요성에 대해 인지는 하고 있지만 행동을 할 수 없고, 그저 부르짖는 것밖에는 할 수 없다. 행동할 수 없다며 부르짖기만 하는 것이 바로 오늘날 젊은이들의 단상이다.

그러나 주체성이 결여된 투쟁은 더 큰 화를 일으키기도 한다. 자신 앞에 놓인 고통이 크다고 해서 남의 말에 쉽게 휩쓸리게 되면 안 된다. 자신이 원하는 사회에 청사진에 대한 분명한 인지가 필요하다. 그렇지 않으면 연극 '토막'에 등장한 명수처럼 우매한 개인의 감정 기복을 이용하는 사회 집단에 이용만 당하다 죽게 된다.

SNS를 활용하여 젊은이들을 중우정치에 빠지게 한 후 권세를 얻으려는 집단들의 경우가 바로 그 부분이며 젊은이들로 하여금 주체성의 혼란을 느끼게 하는 주요한 요소이기도 하다. 그런 면에서 연극 '토막'은 오늘날 사회와 닮아 있으면서, 현재를 사는 젊은이들에게 어떻게 이 난세를 극복해야 하는지 은유적으로 직시한다.

극단적 대비를 통한 시대 현실의 숙고

이 작품에서는 시대 현실에 대한 보다 강력한 숙고를 독려하기 위해 같은 시간에 서로 공간에서 일어나는 다른 상황을 동시에 보여주는 장면을 삽입하였다.

무대 세트 전면에 직사각형으로 구멍을 내어 간이 프로시니엄을 만들어 또 다른 장소에서 일어나는 상황에 대해 표현했다. 주로 무대 상자 작은 프로시니엄에는 일본의 선진화된 신문물을 받아들이며 유유자적한 세월을 보내는 부유한 일본인과 이들을 따르는 조선인의 모습을 드러냈고, 그 바로 아래 무대 중앙에 명서 네 집으로 상징된 공간에서는 일제 강점기를 힘겹게 견뎌내는 명서 네와 같은 서민들의 삶의 단면을 드러냈다.

동시에 보여주었기 때문에 더욱 극명한 대조가 가능한 부분이다. 이는 풍족한 삶과 비참한 생활고의 현실이 공존하는 오늘날 한국의 모습에 대한 조명이라 할 수 있다. 이 장면들에서는 시간의 흐름과 서로 다른 두 장소에서 일어나는 상황을 동시에 표현하기 위해서 영상을 활용했는데 가을은 단풍, 겨울은 눈이 내리는 영상을 써서 배경으로 활용했다. 이러한 장면을 구성하기에 단순하고 미니멀한 세트는 영상을 활용하기에 적절했다.

사실적이지 않은 방법으로 사실을 부각한 연극 '토막' 그가 남긴 시의성

이 작품이 오늘날 시의성을 갖도록 장치한 가장 주요한 요소는 무대미술이다. 만일 이 작품에서 토막으로 대변된 세트를 실제 작품이 쓰여진 시대에 가난한 서민들이 살았을 법한 모습으로 '재현'했다면 그 시대에 천착한 문제에 머물러 버릴 수도 있었을 것이다.

하지만 디자인을 최소화한 세트를 설치하여 인물들이 처한 문제가 과거의 문제이면서도 어느 시대이든 일어날 수 있는 문제라는 해석이 가능하도록 가능성을 열어 둔 것이라 볼 수 있다. 관객의 눈앞에 벌어지는 광경부터 이러한 가능성을 열어두고 있으니 이 작품에서 말하고자 했던 다양한 시점들은 당연히 현재를 살아가는 이들에게도 유효한 메시지로 작용하게 된 것이다.

모든 인물들을 똑바로 걷지 못한다. 요즘 사람들도 똑바로 걷지 못한다. 명서네 가족 같다. 자신의 고통을 사회의 탓으로 돌리는 프롤레타리아들의 모습은 명수의 유골이 도착하고 자신의 아픔을 사회의 탓이라며 부르짖는 장면을 통해 잘 드러난다.

아들의 유골을 가슴에 쓸어 담기를 반복하는 명서의 모습을 통해 이들의 외침은 무기력의 정점에 달한다. 이 가족은 아들이 죽었다는 말을 듣고도 아무것도 못 한다. 심지어 참고 살아가야 한다. 토막을 떠날 수도 없다. 이것이 이 작품은 이러한 강렬한 메시지를 통해 관객으로 하여금 현시대에 대한 '자성'을 이끌어내고자 했을 것이다. 그런 점에서 이 작품은 현대적 시의성이 충분하고, 국립 극장이라는 장소적 유효성에도 부합되는 작품이라 할 수 있다.

연극 '터미널'
― 관객의 감정이 극장을 장악하는 연극, 그 현장에서

사회의 구성원으로 살아가기 위해서는 사교성과 개별성이 공존 해야 한다. 하지만 이 둘은 좀처럼 공존하기가 어렵다. 그러나, 이 둘의 균형이 완벽해지는 곳이 있다. 바로 터미널이다.

타성과 자아의 균형이 필요할 때, 터미널로 가라

도시에 살면서 가끔은 아무도 마주치고 싶지 않다고 느낄 때가 있다. 그럴 때는 거리를 하염없이 걸으면 된다. 매일 오가던 길이라도 자동차나 대중교통을 타고 타인의 시선을 불편해하며 지나갈 때와는 전혀 다른 세계가 펼쳐질 것이다. 걸으면서 보는 세상은 나의 동력으로 움직이고 나의 시선으로 시작되기 때문에 나의 관점에서 타인을 바라볼 수 있다.

터미널의 매력을 이미 알아챈 연출가 전인철

터미널은 버스에 오른 뒤 낯선 사람들을 만나기에 앞서 내가 만났던 사람들, 내가 만날 사람들에 대해 생각하며 자신의 삶과 조우하는 변곡점이 된다. 터미널은 내가 어디에서 왔고 어

여기, 그리고 지금

디로 가야 하는지를 정확히 인지시켜주는 장소이기 때문이다.

이번 연극 '터미널'은 터미널이라는 장소가 가진 매력을 잘 활용한 편이다. 특히 관객들이 서로 마주 보도록 설치된 객석은 공연 내내 반대편 관객의 표정과 몰입도를 볼 수 있게 했다. 아니, 보고 싶지 않아도 어느 한순간 나도 모르게 보게 된다. 반대편 객석에 앉은 관객의 반응에 따라 연극은 슬퍼지기도 하고 웃겨지기도 한다. 이는 양면 객석이 주는 독특함이다.

마주 설치된 객석은 연출가가 '관객의 태도에 따라 공연의 흐름이 달라질 수 있다'는 여지를 많이 두었다는 의미로도 해석된다. 관객은 장면을 바라봄과 동시에 장면을 바라보는 또 다른 자아까지도 관찰할 수 있다.

이 작품은 무대를 사이에 두고 무대 위에서 펼쳐지는 이야기를 바라보며 자신의 삶을 되돌아보기도 하고 건너편에 자리한 자아들에게 지금의 나를 노출하기도 하며, 나의 관점에서 상대의 자아를 관찰하는 동시다발적인 사고가 가능한 공간으로 연출됐다. 이는 앞서도 언급했듯 터미널이라는 공간이 가진 매력을 십분 활용한 선택이라고 볼 수 있다.

상대방의 패가 궁금하면 너의 패부터 정확히 보여줘라

전체 에피소드 중 두 번째 이야기 '거짓말'은 관객의 감정에 가장 영향을 많이 끼친 극적 흐름을 보여줬다. 이 이야기는 서로 다른 삶을 살아가던 두 남녀가 터미널에서 우연히 만나 사랑이라는 찰나의 감정에 대해 이야기하며 생겨난 거짓말에 대한 내용이다.

두 번째 에피소드는 첫 번째 에피소드와 마찬가지로 같은 공간에서 낯선 사람을 만나 자신의 전사를 털어놓은 형식의 이야기다. 차이점은 두 번째 이야기의 경우 첫 번째와 달리 자신의 심경을 표현하기 위해 동선을 적극적으로 활용했다는 점이다. 남녀의 감성이 엇갈릴 때는 둘의 동선이 교차한다. 남자가 자기 고백을 하는 장면은 감정 고조에 따라 무대를 여러 번, 점점 빠르게 도는 식으로 표현했다.

무대 위에서 벌어지는 일을 관찰하는 입장에서 보면 인물의 정서가 뚜렷하게 인식될수록 정서적인 동요가 심하다는 것을 느낄 수 있다. 두 번째 에피소드의 동선 표현 방식은 관객의 정서적 운동성에 생기를 부여했다. 가정이 있는 두 남녀의 흔한 '한눈팔기' 해프닝에 그칠 수 있었던 이 이야기는 관객으로 하여금 스스로 자신 삶에서의 사랑이라는 감정을 투영해 눈물을 흘리도록 만들었다.

소재의 신선함, 그러나 구현의 아쉬움

첫 번째 에피소드의 경우 소재나 설정 자체는 네 개의 에피소드 중에 가장 신선하다. 첫 번째 에피소드는 과거와 현재와 미래가 같은 기억의 지점인 터미널에서 만나 일어난 이야기를 통해 세대가 바뀌어도 끊어지지 않는 운명에 대해 말한다. 그러나 구현 방식이 그 소재의 신선함을 따라가지 못했던 점이 아쉽다.

이 이야기는 서로가 대화를 이어가면서 전사를 이끌어내는 구조로 진행됐고 말의 블로킹과 동시에 할머니로 등장한 '대(大)

과거'의 등장으로 동선의 운동성 또한 활발했다. 그러나 이러한 운동성을 통해 말하려는 바가 무엇인지 정확히 알기 힘들었다. 마치 연극영화과 수업 즉흥 연기 시간에 대본 없이 주어진 상황을 연기하는 무대와 비슷하다는 인상이 강했다. 대사도 다른 에피소드에 비해 문어체의 뉘앙스가 강해서 레제드라마의 대사와 같다는 인상을 지우기 어렵다.

이 에피소드에서 일어나는 일이 실재할 수 없어서 레제드라마라는 것이 아니다. 마치 공연을 염두에 두지 않고 쓴 드라마 같은 느낌이라는 점에서 '레제드라마'라고 표현했다. 그러나 운명을 바꾸자고 외치는 미래, 현재, 과거의 세 여자는 흥미로우면서 희망적이며 유쾌했다.

우리도 이대로라면 결국 소가 될 것이다

창작자의 메시지, 전달성, 그리고 오락성까지 겸비한 에피소드를 꼽자면 단연 세 번째 에피소드다. 소처럼 일하다 소가 되어가는 남자 이야기는 소가 된다는 것은 소처럼 일한 과거에 대한 결과라는 상징성을 담아냈다.

이 이야기는 대를 이어 소가 되는 한 집안의 가족사를 통해 노동을 강요하는 거대 담론 속에서 무력하게 노동만 하는 개인의 모습을 우회적으로 그렸다. 평화의 댐 건설 현장에서 일하고 돌아와 소가 된 아버지, 4대 강 현장에서 일하고 돌아와 소가 돼가는 첫째 아들을 통해 한국 사회에 개인에게 얼마나 강력하게 노동을 강요하고 개인성을 말살했는가를 되묻게 한다.

여기서 둘째 아들은 자신은 아버지나 형처럼 살지 않겠다며 소가 된 아버지를 팔아버리는 패륜을 저지른다. 그 둘째 또한 결국 꼬리가 생긴다. 작품은 이러한 모습을 통해 세대가 바뀌어도 악의 고리는 끊어지지 않을 것이라는 암시를 한다.

작품은 시대의 소용돌이와 사회의 권력에 휘말린 개인, 점점 고착화된 노동의 고리에 대한 담론을 '소'라는 소재를 통해 풀어냈다는 점에서 인상적이다. 사람에게 정해진 노동의 강도 이상을 일하고 소가 된 인간상은 오늘날 워커홀릭과 무한 경쟁에서 바둥거리는 한국 사회의 면면을 비판하기 적절하다. 만일 이 담론을 인물의 입을 통해서 언급했다면 지루하기 짝이 없었을 것이다. 하지만 이번 작품에서는 동물의 특성을 인간에 이입해 쉽게 전달함으로써 관객의 극적 이입을 높였다.

기억하고 싶지 않지만 기억해야 하는 시간, 그게 바로 오늘

네 번째 에피소드 역시 세 번째 에피소드와 비슷한 구조로 이야기를 전개한다. 네 번째 에피소드는 100여 년 후 달 착륙장이라는 실재하지 않는 공간 설정을 통해 현재의 모습과 바로 잡아야 할 모습에 대해 언급한다.

달 착륙장에서 만난 두 남녀는 첫 대화에서 서로가 얼마나 사이보그인지를 묻는다. 특히 남자는 자신의 기계화 정도를 자랑하며 아무렇지도 않게 '젊은 애들 추세잖아요'라고 말한다. 이 남자의 존재는 스마트폰 및 통신기기 사용 시간 세계 랭킹 1위를 차지하고 오프라인 만남보다는 온라인 접촉을 선호하면서도 스스로 인간소외를 인지하지 못하는 한국 사람들의 현주소에 대한 비판이라 볼 수 있다.

플롯을 이끌어가는 소재는 기억을 스스로 조정할 수 있는 능력이다. 지우고 싶은 기억과 남기고 싶은 기억을 나누어 스스로 '기억을 정리'하는 것이 가능하다는 설정이다. 두 남녀로 상징되는 미래의 사람들의 기억 속에서 '과거'로 드러난 현재의 삶은 세월호 사건이라는 구체적인 사건을 조명한다.

한 개인의 기억으로 시작된 '과거' 여행은 세월호 사건으로 연결되고 세월호 사건에 공감하는 관객과 더불어 흡착력 강한 담론이 된다.

작품은 기억 속 장면과 인물의 상황을 중첩시켜 메시지를 던진다. 극 중의 여자는 세월호 사건으로 아이를 잃고 기억이 멈춰버린 한 여자의 모습과 동시에 자신의 로봇 강아지를 '내 새끼'라고 부르며 지구에 가면 꺼내주겠다고 말하는 모습을 보여준다. 남자는 세월호 관련 기억을 경험하고 괴로운 기억은 체험하고 싶지 않다며 화를 낸다.

작품은 이 모습을 통해 기억하고 싶지 않은 경험은 쉽게 지워버리고 싶어 하는 사회와 아픔에 무감각한 이들의 모습까지 드러냈다. 사회적 이슈에 대해 상세히 언급하려는 노력이 엿보인 작품이다.

사건의 직접적 언급이 주는 장단점

옴니버스 형식으로 구성된 이번 작품은 사회의 다양한 모습을 터미널이라는 한정된 장소를 기점으로 풀어내고 있다는 점에서 흥미롭다. 그러나 세월호, 4대 강, 평화의 댐 건설 현장 등 직접적 사건을 거론한 점은 아쉬움이 남는 지점이다.

이 사건들에 대한 직접적 거론을 굳이 하지 않고 본질이 이야기하는 바를 풍부하게 표현해 실제적 사건을 떠오르게 하는 방식을 활용했다면 보다 큰 울림이 있는 작품이 됐을 것이다. 사건에 대한 직접적 언급이 작품의 이해를 도울 수는 있겠지만, 생각할 거리가 많은 소재들에 대해 언급하는 작품인 만큼 본질을 언급하는 데 그쳤다면 관객이 스스로 사고할 여지가 많았을 것이다.

여기, 그리고 지금

제6장

정의와 부정의에 대한 끊임없는 질문

연극 '흑백 다방'
― 혼돈의 시대, 누가 흑이고 누가 백인가

정의와 부정의의 기준은 사건의 합법적 사실과 더불어 그것을 재단하는 기준의 진정성을 모두 검증해야 한다. 그 과정이 비로소 '정의'의 확립 과정이라고 볼 수 있다.

시대의 난제에 대해 중요한 물음을 이끌어내는 연극

대통령 탄핵을 전후하여 가장 두드러진 국민 정서의 흐름 중 하나는 '세대 간의 가치 갈등'이다. 물론 보수와 진보로 이분되는 정치적 색채를 구세대와 신세대로 일반화하는 것은 모순적 구분 방식이다.

그러나 보수의 간판이라 불리는 여당에서 출마한 대통령의 탄핵은 구시대를 대변하였던 보수 집단의 내집단 붕괴를 야기했고 예기치 못한 실망감을 안겨주었다. 그런데 보수 진영의 실망감은 감정을 느끼는 데서 끝나지 않았고, 일부 새롭게 개량된 형태로 모습을 드러냈는데, 그것이 바로 태극기 부대이다.

서울 광장을 중심으로 진보 진영과 진보의 성향을 가진 시민들이 시국에 대해 적극적으로 의견을 피력하는 시위가 빈번히 진행되어 온 적은 많았지만, 보수 진영이라 주장하는 집단이 이

토록 적극적으로 거리로 나선 것은 처음 있는 일이다. 게다가 현 시국의 격돌이 새로운 형국이라 일컬을 수 있는 중요한 근거는 시민의 자발적인 행동이 격돌의 핵심을 차지한다는 점에서 그렇다. 그러니 현재 대한민국에는 헌정 사상 그 어느 때보다 보수와 진보가 팽팽하게 맞서고 있다. 이러한 시국을 두고 제기될 수 있는 질문은 단 하나이다. 무엇 때문에 갈등하는지에 대한 물음이다.

개인의 이야기에 담긴 거대한 사회 담론

2017년 3월 선돌극장에서 공연된 연극 '흑백 다방'은 바로 그 갈등에 대해 개인적으로, 그리고 사회 구조적으로 그리고 있다.

왕년에 심문을 잘하기로 소문났던 경찰 이황의는 학생 운동을 하던 윤상호를 심문했고, 그 과정에서 윤상호는 청력을 상실한다. 과거 가해를 당했던 기억을 가진 윤상호는 식칼을 들고 사람들의 고민을 카운슬링 해준다는 흑백 다방에 찾아 자신을 짓밟았던 이황의에게 가해를 하고자 마음먹지만, 이 '흑백 다방'이라는 곳에서는 계획한 가해가 뜻대로 되지 않는다.

윤상호가 이황의에게 가한 가해로는 이황의의 아내의 무덤을 파헤쳐 제멋대로 화장을 하고 그 뼛가루를 그의 앞에 들고 온 것인데 이런 대단한 가해를 저지른 윤상호는 어렵게 마련된 복수의 순간에 결국 이황의를 해치지 못한다. 그의 나약함은 그가 자신의 범행을 경찰에 예고했다는 점과 복수의 순간에 그가 할 수 있는 것은 경찰에 연락을 취한 것뿐이었다는 점을 근거로 들 수 있다.

시민 윤상호는 젊은 날 세상의 개혁을 부르짖다가 권력에 의해 무너졌는데, 시간이 지나도 그가 할 수 있는 거라고는 자신을 가해했던 권력에게 자신의 상황을 알리는 일이었다. 이러한 전사는 윤상호의 미약함과 윤상호로 대변되는 젊은 날을 투쟁으로 보낸 젊은이들의 미약함이 전면적으로 드러내 주는 부분이다.

가해와 피해의 경계는 이미 허물어진 지 오래

이 작품은 표면적으로 지난날에 대한 두 인물의 첨예한 갈등을 그리고 있지만 가해와 피해의 경계를 허무는 방식으로 진행한다. 젊은이들을 짓밟으라 명령하는 권력의 톱니바퀴로 살면서 청춘을 희생당한 이황의 역시 청춘에게 무참했던 자신의 지난날을 돌아보며 자괴감을 느끼는 장면을 노출한 것을 통해 알 수 있다.

또한, 갈등의 상황에서도 서로의 옷을 바꿔 입는 행위를 통해 두 인물의 갈등이 상대방을 파멸시키기 위함이 아니라 자신이 가진 상처를 어떠한 방식으로든 치유하고 싶다는 것이 작품에서 던지는 숨은 메시지라고 판단되므로 가해와 피해의 양자구도를 허물고자 한 시도의 근거가 된다.

무거운 소재, 이유 있는 엔딩

윤상호는 오랜 세월 귀머거리로 먹먹하고 막막한 세월을 살아내며 복수의 날을 손꼽았지만 결국 자신을 귀머거리로 만든

이의 말을 통해 다시금 세상을 소리를 듣게 된다. 작품 내내 들리지 않던 엘피판의 음악 소리를 마지막 장면에야 노출한 것이 이 작품의 핵심적 연출이다.

권력의 톱니바퀴로 사는 시민이든, 사회의 제도 개혁에 대해 부르짖는 시민이든 그들의 말을 듣지 않고, 소통하지 않는 권력의 이기 앞에서 갈등하던 두 인물이, 자생적으로 화해하고 소통한다는 것이 이 작품이 추구했던 엔딩이다. 시국에 대한 보수와 진보의 갈등 또한 권력에 의한 근본적 해결이 아닌 집단 간의 소통과 자생적 화해를 통해 시국이 안정될 가능성을 제시한 작품이라는 점에서 이 작품은 시의적 의미가 매우 크다고 할 수 있다.

연극 '조씨고아, 복수의 씨앗'
— 복수극이 아니라 시국 선언극으로서의 '조씨고아, 복수의 씨앗'

해야 하는 이야기와 하고 싶은 이야기가 있다.

봐야 하는 연극과 보고 싶은 연극이 있다.

아무 선택이 필요 없는 연극, '조씨고아, 복수의 씨앗'

알고 있는 이야기인 줄 알았지만, 누구도 제대로 말하지 못한 이야기

선행으로 소문이 자자한 문관 관리와 이를 시기하는 무관 관리의 모함과 이를 둘러싼 권력 다툼은 고대 그리스 비극에서부터 현세까지 고전적으로 전해내려 온 비극 드라마의 전형이다. 게다가 출생의 비밀과 복수, 화해라는 옵션까지 곁들여진다면 완벽한 암투극이 완성된다.

최근 개막한 연극 '조씨고아, 복수의 씨앗' 역시 이 조건을 두루 갖춘 한 편의 비극이다. 그러나 비극 드라마의 전형적 틀거리 안에 버무려진 여러 스타일의 연극적 양식을 통해 엄청난 몰입과 결코 가볍지 않은 상고의 시간을 부여한다는 점에서 이전에 공연된 수많은 비극 드라마와 차별성을 갖는다.

여기, 그리고 지금

영화적 표현 방식으로 관객의 감정선을 완전히 리드하다

무대 삼면을 둥글게 감싼 벨로아 커튼을 여러 겹으로 설치하여 무대 아웃라인을 둥글게 설정하고 커튼이 극적 맥락에 따라 배우들의 연기와 어울려 개폐 될 수 있도록 장치한 것은 마치 영화에서 카메라 렌즈를 통해 관객의 감정선을 완전히 리드하는 미장센을 형성하는 것과 흡사한 맥락이다.

영화에는 감독의 의도에 따라 크고 자세하게 보여주고자 할 때 렌즈에 노출된 공간을 클로즈업하여 좁은 구역을 크고 자세하고 섬세하게 표현한다. 이런 면에서 보면 무대의 크기가 배우가 등장, 퇴장과 더불어 변화한다는 것은 연기 구역의 변화를 의미한다. 연기 구역의 크기 변화는 각 장면이 강조하는 심리를 리듬감 있게 표현한 도구이다. 그러니 영화에서 장면의 의미를 강조하기 위해 촬영 기법의 변화를 주어 미장센 만드는 것과 같다고 볼 수 있는 것이다. 연출자의 의도였건 아니건 결과적으로 이러한 기법이 이 큰 무대에 적용되어 별다른 무대 장치나 오브제들 없이도 작품에 정서적 몰입을 돕도록 활용되었다는 점이 정말 놀랍다.

'오늘 중의 오늘'에 대해 말하는 이 연극

세 시간 남짓한 긴 런 타임이 나오는 이 연극이 이렇다 할 대단한 오브제 없이 강도 높은 정서적 몰입을 가능케 했던 또 다른 요인은 오늘 한국의 모습에 대한 이야기를 다루었다는 점이다. 표면적인 이야기만 놓고 본다면 작품이 다루는 소재는 현실과 달라서 '뭐가 비슷해'라고 느낄 것이다.

그러나 정해진 운명의 사이클에 따라 복수를 하고, 그 복수가 끝나자마자 아무렇지 않게 평온을 찾고, 축배를 드는 조씨 고아의 모습과 정의를 바로잡기 위해 한평생을 희생한 '정영'의 허탈함은 오늘날 한국의 현실과 섬뜩할 만큼 닮아 있다.

우리 사회가 겪는 진통이 지나가고 악의 무리들이 벌을 받게 된다 한들 한국 사회가 치유될 것인가에 대한 문제에 대해 국민들은 이미 허무함과 자괴감을 동시에 느끼고 있기 때문이다. 특히 복수에 성공을 하는 나름의 해피엔딩으로 막을 내린 이 작품의 결말은 오늘날 국민들이 느끼는 정서를 고스란히 담아낸다.

이 시국에 우리는 무엇을 해야 하는가. 아니 우리는 어떻게 살게 될 것인가

연극 '조씨고아 복수의 씨앗'에서 주인공은 조씨고아가 아니다. 조씨 고아는 주체적으로 행동하는 인물이 아니다. 자신의 판단에 따라 움직이지 않는다. 운명을 타고나 운명에 따라 정해진 대로 삶을 산다. 인생의 매 순간 선택과 집중에서 오는 고뇌와 싸워 본 적이 없다. 그래서 순간의 선택과 고민, 후회, 희생 등의 감정을 모른다. 작품에서 역시 그가 운명에 순응하며 사는 인물로 완벽히 그려냈다.

이에 비해 권력과 이기의 사이에서 표면적인 상관관계가 없는 시골 의사 정영은 매 순간 고민하고 매 순간 후회하며 번민하는 인물이다. 대의를 위한 자신의 삶의 한 조각을 내어주는 일생일대의 결정을 하는 정영은 누구보다 주체적인 인물이다.

여기, 그리고 지금

사회에서 자신이 할 수 있는 일, 해야 하는 일과 자신의 영달을 유지하는 일 사이에서 스스로 어떤 사람이 될 것인가에 대한 고민을 평생 하며 일생을 보낸 인물로 그려지기 때문이다.

작품에서는 분명 정영이란 인물을 정의의 사도로써 칭하고 있지만, 정영을 영웅시하거나 그의 행적을 감동스토리로 포장하지 않았다. 소위 '정영처럼 살아야 한다.'라는 진부한 메시지는 이 작품의 목적과 매우 다르다. '정의를 위해 수 없는 고뇌를 한 개인의 희생'이 과연 의미 있었는가에 대한 이야기이다. 텅 빈 무대를 가득 채운 고요로 연극의 막을 내린 것을 통해 알 수 있다.

개인의 노력과 희생은 값지고 의미 있으며 필수 불가결하지만, 그다음 이어질 세상에 대한 희망을 누가 보장하느냐는 것이다. 어떠한 판단도 내리지 못한 채 끝난 이 작품의 결말은 단순히 열린 결말이라 정의내리기에는 신성하다. 대한민국의 시국이 맞이할 미래와 너무나 닮아있다.

누군가 악한들의 잘못을 단죄하고 그들은 일정 부분이라고 죗값을 치룬 뒤 우리는 대한민국이 '안정되었다손 치고' 살아갈 것이다. 그러므로 반백 년 곪아 터진 대한민국이 일면의 정의로써 부정의 척결이 가능할 것인가에 대한 불신과 자괴심은 연극 '조씨고아 복수의 씨앗'에서 진지하게 내놓은 결말의 장면을 통해 감정 이입된다.

이 작품이 창작단계에서 시국에 대한 상징성을 부여하며 제작되었든 아니든 소름 끼칠 듯한 시의적 맥락이 가슴을 저릿하게 만든 작품이라는 점에서 경의를 표하고 싶다.

연극 '날 보러 와요'
— 고전의 탄생, 연극 '날 보러 와요'

레퀴엠과 '날 보러 와요'의 평행이론

　레퀴엠, 죽은 자를 추모하기 위한 미사곡이다. 신원 미상의 한 남자가 모차르트에게 의뢰를 하여 쓰어지기 시작한 곡으로 모차르트가 미완성작으로 남긴 것을 제자 쥐 마이어가 완성시켰다. 2016년 공연된 연극 '날 보러와요'에 가장 많이 삽입된 곡은 바로 레퀴엠이다.

　작품의 큰 맥락으로 드러나는 범인 잡기의 일환으로 이 음악이 활용되었기 때문이다. 범인이 나타난 때 방송되었다는 모차르트의 레퀴엠과 작품의 메커니즘은 두드러진 교집합을 보인다. 망자를 추모하기 위한 곡이라 그런지 곡의 색채 역시 장중하고 진지하고, 스산하기까지 하다. 이러한 음악적 색채는 연극 '날 보러와요'의 색채와 연결된다.

레퀴엠은 당대 권력가들이 가난한 예술가들의 재능을 돈으로 매수하여 자신의 재능인 양 뽐내는 흐름과 비슷한 맥락으로 등장한 작품으로 발단했는데 이 연극 역시 권력의 이기 속에서 사그라지는 진실에 대한 이야기를 하나씩 파헤쳐 본다는 점에서 굵은 맥락의 흡사함을 드러낸다.

모차르트가 죽음의 문턱 앞에서 결국 완성하지 못한 작품이었던 레퀴엠은 여러 사람의 손을 거쳐 결국에는 쥐 마이어가 완성케 되는데 결과 색출에 대한 미완성, 꼬리에 꼬리를 무는 진실을 향한 여정을 그린 이 연극의 구조와 같은 구도를 보인다. 게다가 이 모차르트의 곡으로 알려진 이 곡이 모차르트가 지었다고 할 수 있는지에 대한 논란이 있다.

물론 모차르트가 가진 권위를 통해 이 곡의 정체성이 모차르트에 있다고 주장하는 입장도 있지만 몇몇 작곡가를 거치면서 분명히 이 곡은 '가공'되었다. 그렇기 때문에 이 곡의 정체성이 모차르트에게만 있다고 보기에도 어색하다는 입장이다.

레퀴엠의 정체성 문제는 모차르트의 죽음으로 인해 진실은 정면으로 목도되지 못하고 증발되어 버린 셈인데, 진실을 색출하기 위해 여러 인물이 용의자로 지목되며 미궁 속으로 사건이 흘러가는 여정을 담은 연극 '날 보러와요'의 드라마 구조에서도 포착되는 지점이므로 레퀴엠과 '날 보러와요'는 교집합이 존재한다고 볼 수 있다.

연극에서는 어떠한 사건도 공소시효가 없다

화성 연쇄살인 사건은 86년부터 91년까지 일어난 사건으로 이미 2006년을 기준으로 공소시효가 끝난 상태이다. 그런데 미해결 사건에 대한 관심의 활기를 불어넣은 것은 96년 초연된 김광림 작, 연출의 연극 '날 보러와요'이다. 2003년에 '살인의 추억'이라는 제목으로 개봉되어 흥행한 봉준호 감독의 영화 역시 이 사건에 대한 대중적 환기를 돕는 도화선이 된 작품이다.

이 사건처럼 사회적 파장이 큰 작품은 언론에 빈번히 노출되어 국민들의 정서에 많은 영향을 끼치고 이러한 과정은 사건의 재발에 대한 의식과 제도를 바꾸는 데 이바지 할 때가 종종 있다. 법적으로는 사건의 공소시효가 있어서(2016년 기준 공소시효법은 없어짐) 일정 기간이 지난 후에는 아무리 극악무도한 사건이었다 할지라도 지속적으로 회자되고 수사하기란 불가능하다.

하지만 예술가들에게는 어떠한 사건도 공소시효가 없다. 그렇기 때문에 예술이 사회 현상과 사건, 난제(難題)에 대해 관심을 기울이고, 목소리 높이는 일은 너무나 중요하다. 커다란 사건부터 사소해 보이지만 권력의 이기 속에 침잠되는 중요한 사건까지 연극인들이, 예술가들이 다루어야 할 '사회'는 아직도 많이 있다.

중극장에서만이 표현 가능한 정서, 고독한 진실

96년 초연 당시 연극 '날 보러와요'는 문예회관 소극장에서 공연되었었다. 그 이후로도 주로 소극장에서 공연되는 일이 잦은 공연이었다. 그 바람에 형사들이 근무하는 경찰서 내무실 이외의 공간에 대한 부분은 실제적 구현이 생략되는 경우가 많았다. 그 대신 작은 공간이 가진 특성을 살려 실마리가 풀리지 않

여기, 그리고 지금

는 사건의 답답함을 공간의 색채에 녹여 표현했었다고 한다.

그러나 2016년 공연된 연극 '날 보러와요'는 중극장을 택하였다. 무대의 크기를 다르게 선택했다는 것은 분명 연출적 의도에 색채 변화를 주려는 시도로 읽을 수 있다. 이전에 연극적 공간보다 더 넓은 공간에 꾸며진 이번 공연은 풀리지 않는 진실에서 말미암은 답답함보다는 부유하는 거짓의 물결 속에서 진실을 찾으려 애쓰지만 좀처럼 찾아지지 않는 진실을 앞에 두고 망망대해에 갇힌 인물들의 고독과 고뇌에 초점을 맞추었다.

내무반을 무대 정 중앙에 정사각형으로 설치하고 그 주위를 온통 갈대밭으로 둘러싸 내무반을 마치 외딴 섬처럼 보이도록 디자인하여 시각적 미장센을 살렸다. 더불어 작품 후반부에 등장하는 비가 내리는 장면 역시 이러한 디자인에 적합하게 맞물려 살인이 일어나던 날의 을씨년스러운 정서를 자연스럽게 표현할 수 있었다.

연극 '날 보러와요'의 현대적 시의성

20년 전에 일어난 실화를 바탕으로 창작된 희곡 '날 보러와요'의 매력 요소 중 하는 역사나 '시의성'이다. 물론 살인 사건이란 시대를 막론하고 일어나는 범죄이지만 수사의 과정을 다각적으로 조명하는 데 중점을 두고 쓰인 이 작품은 전달하고자 하는 중심 메시지를 제외한 다양한 부분의 각색이 여지를 두었기 때문에 어느 시대에 공연이 되던 시의성의 지점을 부각할 수 있는 작품이다.

가령 수사의 과정에서 범죄의 증거들을 집중적으로 파헤치는 장면들에서는 프로젝터나 영상 등의 신기술을 통해 이전 공연에서의 장면 표현보다 장면의 목적성을 더 부각시킬 수 있게 된 점이 가장 대표적이다. 또한 문제 해결 방법의 관점 차이에 대한 부분도 각색이 가능하다. 신세대로 대변되는 김 형사의 수사 방법도 첨단 장치를 통해 사이버 수사를 하는 오늘날의 수사방법에 비하면 올드하다. 그래서 시대적 흐름에 맞는 수사법이 드러난 장면으로 각색해 볼 필요도 있어 보인다. 그런데 이렇게 되려면 극작이 바뀌어야 하므로 앞으로 작품이 재연한다면 신중히 고려해 보아야 할 부분이다.

그러나 형사들 간에 생기는 문제 해결 방식의 차이와 그 간극을 좀처럼 좁히지 못하는 모습은 시대가 변하여도 있음직한 모습들이다. 이 장면은 수사의 과정에서 형사들의 동선이 자신의 업무 구역에 머물며 동적으로 움직이지 않는 모습에서 알 수 있다. 형사들이 자신만의 방식을 고수하고, 협동 작업을 하려 하지 않으려는 행동 양태를 표현하기 위한 섬세한 연출이라 할 수 있는 부분이다.

여기, 그리고 지금

제7장

형식의 파격

연극 '열녀 춘향'
─ 내 것인 듯 내 것 아닌 춘향

김치녀, 된장녀 등의 신조어가 많이 생겨난다. 이는 좋은 남성을 만나 자신의 삶의 질을 높이려 애쓰는 여성들을 비난하기 위해 나온 말들이다. 이런 부류의 여성들은 과거에도 분명 존재했을 텐데 그때는 이런 여성들이 비난받지 않았다. 권위에 관해서 남성과 여성은 비교의 대상 자체가 되지 않았기 때문이다. 권위에 관해 남성이 여성을 비난하기 시작한다는 것, 그 자체가 여성의 권위 신장의 증거이다.

고전과 시의성의 관계

춘향의 이야기는 참 많은 작품으로 재탄생 된 이야기 중 하나이다. 아마도 춘향이는 신분 구분이 엄격하고 남녀가 유별했던 조선 시대에 의지적으로 자신의 소견을 표출한 여성이었기 때문이었을 것이다. 특히 그녀의 삶에서 묻어나는 센세이션함이 드라마로 구성하기에 적절하다는 점에서 인기의 원인을 찾을 수 있다.

그러나 그런 센세이션은 근대에서 현대로 넘어오는 시기에 이미 많은 작품들을 통해 표현된 것으로 안다. 현대에는 여성이 결정의 주체자로서 활발하게 성장하고 있기 때문에 고작 사랑의 감정 하나를 부르짖어 유명세를 탄 춘향의 이야기는 더 이상 새로운 자극제가 될 수 없다.

그런데도 불구하고 춘향이라는 인물을 바탕으로 막이 오른 작품이 있다. 극단 성북동 비둘기의 연극 '열녀 춘향' 이다. 더

군다나 이번 연극 '열녀 춘향'은 실험적인 작품이 주로 공연되는 두산 아트센터 스페이스 111에 공연되고 있다. 극단 성북동 비둘기의 이러한 극장 선택은 관객으로 하여금 우려 섞인 기대로 충만한 설렘을 안고 극장에 들어서게 만들기에 충분하다.

이번 작품에서는 '월매' 너로 정했다

극장에 들어서면 진한 화장에 머리를 올린 여성이 관객을 맞이한다. 그녀는 마치 자신의 집에 초대된 사람들을 마중하는 듯 적극적으로 자리를 배정해주기도 하고 관객을 매우 살갑게 대한다. 이 여성은 공연이 끝난 뒤에도 같은 지점에 서서 귀가하는 관객들을 배웅하는데 그녀의 역할은 바로 월매이다. 하지만 그녀는 작품에서 이렇다 할 행동을 하지 않기 때문에 그녀가 월매인지 한눈에 눈치채기란 쉽지 않다.

월매는 10명의 춘향이가 등장하는 동안 무대 한쪽에 서서 춘향이들을 지켜보기만 하기 때문이다. 월매가 작품에서 적극적으로 행동하는 부분은 사또와 레슬링을 펼치던 춘향이가 곤경에 처하였을 때 춘향이를 돕는 것뿐이다. 또한 춘향이들이 각자의 상황에서 성공을 거두었을 때 그녀들을 조용히 응원하는게 전부이다.

이렇듯 그녀는 존재감이 없어 보이지만 사실은 춘향이들 보다도 강렬한 인물이다. 동시대의 여성상을 하나씩 보여주기 위해 등장한 춘향을 자궁으로 품은 여성인 월매는 여성 지도자가 늘어나고 여성의 권위가 신장된 현시점의 사회 흐름을 상징적으로 보여주기 위한 강력한 장치로 해석 가능하기 때문이다. 따라서 앞서 언급한 월매의 관객 마중과 배웅은 무게가 실린다. 고전에서도 월매는 기가 센 여인으로 그려지지만, 자신이 주체자가 되어 대중을 초대할 만큼의 역량을 보여주지는 못한다.

하지만 연극에 등장한 현대의 월매는 대중을 초대하여 자신의 딸 춘향이를 통해 자신이 하고자 했던 이야기를 한다. 이렇듯 작품은 고전에서 주변인으로 등장했던 인물을 비중 있는 상징으로 활용하는 파격을 보여준다. 이것은 분명 김현탁의 춘향전에서만 볼 수 있는 새로움 중 하나이다.

탈경계가 주는 재미

이번 작품의 두드러진 특징 중 하나는 탈경계를 시도했다는 점이다. 그래서인지 무대 전환을 배우들이 직접, 그것도 대놓고 한다. 따라서 암전도 거의 없고 배우들의 무대 전환 장면이나 등·퇴장 모습은 여과 없이 그대로 노출된다.

관객에게 일상적인 이야기를 던지며 무대로 올라간 첫 번째 춘향이의 등장이나 공연이 끝나고 '수고하셨습니다.'를 외치는 음성을 노출시킨 부분도 같은 맥락이라 할 수 있는 부분이다. 관객의 참여 유도를 통해서 탈경계를 시도한 부분도 눈에 띈다. 세 번째 춘향이가 자신이 만든 고추전을 관객에게 직접 먹이는 부분이 바로 그 지점이다.

또한 무대 위에서 연기를 마친 배우들이 객석으로 퇴장해 작품을 관람하는 부분도 심심치 않게 드러난다. 이는 배우를 객석에 앉혀서 관객과 동등한 시각을 형성하여 연극과 연극 아닌

것의 탈경계를 형성하고자 유도한 지점이라는 해석이 가능하다. 게다가 객석에 앉은 배우들은 모두 남자인데, 작품이 남성들을 변화의 주체로 삼고 있지 않음을 상징하는 부분이다. 따라서 관객은 이러한 탈경계의 지점에 작품에 이입함과 동시에 자신과 이입하는 '혼란스러운 재미'를 경험하게 된다.

고전과 동시대를 버무리기 위한 고뇌와 소통의 흔적

춘향이라는 고전의 인물을 바탕으로 하면서 가장 큰 난제는 아마도 고전어로 된 대사를 동시대성과 버무리는 부분이었을 것이다. 예상대로 이번 작품에서도 고전어를 삽입하여 작품을 이끌기 위해 고군분투한 흔적이 보인다.

작품에서는 각기 다른 춘향이의 모습에 초점을 맞추면서도 미인대회, 레슬링, 파자 놀이 등을 통해 고전어를 담을 수 있는 다양한 그릇들을 등장시키기 때문이다. 그런데 역시나 춘향이들이 내뱉는 대사는 잘 알아들을 수가 없다. 그러나 전달력 떨어지는 고어를 현대성 짙은 무대 연출과 굳이 배합시킨 것은 연극 기호로써 대사를 배치하여 그 내용보다는 상징성을 부각시킨 의도에 의한 부분이라는 해석이 가능하다.

따라서 고전어가 들리지 않는 게 크게 문제가 되지는 않는다. 만일 대사를 통해 말하고자 하는 바가 분명한 것이 의도였다면 상당히 떨어지는 대사전달력은 이 공연에서 가장 먼저 보완할 점이 되었을 것이다.

모든 춘향이들은 이긴다

흰색 상의에 짧은 청반바지, 하이힐, 풀 메이크업과 단정한 헤어 스타일, 이 모든 것들은 열 명의 춘향이가 무대 위에서 공통적으로 보여준 이미지이다. 이렇듯 춘향이들은 무대 위에서 풍부한 여성성을 장착한 뒤 등장한다. 이는 남성이 좋아하는 여성의 다양한 매력들이기 때문에 남성을 사로잡기에 충분하다.

하지만 이런 여성성으로 무장한 춘향이들은 각 에피소드에서 전부 승리하거나, 성공을 거두는 것으로 매듭이 지어진다. 이는 과거에는 여성성이 잘난 남성을 획득하는 데만 쓰였는데 현대에서는 남성에게 선택받기 위한 노력이 아닌 자신의 만족과 남성 이상으로서의 지위를 차지하기 위한 수단으로 활용되었다는 점 대해 시사하는 부분이다. 때문에 더 예쁘고 더 세련된 모습의 춘향이들은 항상 이긴다. 이는 완벽한 외모를 유지하면서 남성 이상의 역량을 발휘하는 현대 여성의 상징이라 할수 있다.

하이힐 말고 다른 건 없었을까?

작품이 선택한 실험적인 표현 방식은 탈경계를 활용했음에도 공감 가능하다. 그런데 그 핵심 내용인 여성의 권위 신장은 그속도에 비해 이미 색이 바래가고 있는 소재다. 그런 점에서 걸그룹의 군무로 장식된 엔딩 끝에 여배우들이 벗어 놓고 간 하이힐로 채워진 무대는 진부하다는 인상을 지울 수 없다.

하이힐이 여성의 자존심이며, 하이힐의 높이는 그녀들의 권위를 의미하며 여성성이며, 사회진출, 경제력을 의미하기 때문에 조성된 장면이라는 점에서는 공감하지만 앞으로의 여성들의 모습을 상상할 여지를 주었으면 하는 아쉬움이 남는다.

월매를 통해 여성의 사회적 상승세에 대해 일정 부분 어필하고 있지만, 이 부분이 하나의 장면으로 구성되었더라면 더 강렬한 인상을 남긴 공연이 되었을 것이다. 그런 의미에서 하이힐은 조금 진부하다.

연극 '신인류의 백분토론'

— 토론보다는 토의가 필요한 현실, 신인류의 백분토론

언론의 자유와 국민의 알 권리 신장, 그 사이엔 늘 백분토론이 있었다.

연극적 시간 백분, 실제 공연 시간 백분, 연극의 기호 안에 관객도 동참시키다

객석에 들어오는 순간 가장 먼저 마주한 광경은 토론 방송 녹화장을 방불케 할 만한 사실적인 세트이다. 공연 시작 10분 전 상황 역시, 마치 관객이 녹화 방송 방청을 온 것과 같은 착각을 일으킬 만큼의 연출을 해 놓았다. 그리고는 실제로 생방송을 진행하는 듯 연극적 시간 백 분은 공연 시간 백 분과 함께 꼭 맞는 톱니바퀴처럼 흘러간다.

이 모든 설정은 극단 '간다'의 신작 연극 '신인류의 백분토론'의 시작 진행 풍경이다. 실제 토론 방송 현장처럼 꾸며 놓은 세트에 무대 전면 모니터를 설치하여 패널들의 얼굴을 드러냈고, 그 모니터를 통해 토론 중간중간 영상 자료를 관객과 함께 볼 수 있도록 설치하는 등의 섬세함도 극단 간다의 새로운 연극의 표현 방식 중 하나이다. 이 작품은 특정한 이야기나 갈등 등을 그린 드라마가 없는 연극으로서 연극이란 모름지기 드라마를 표현하는 장르라는 기존의 의식과 상충하는 지점에 대해 '리얼리티'라는 키워드를 대전제로 하여 작품을 이끌어나갔다.

그중 가장 인상적이었던 부분은 생방송만이 가진 '리얼리티'를 최대한 살리려 노력했다는 점이다. 이를 위한 도구로써 실제 공연 시간과 작품 내 연극적 시간이 평행적으로 장치한 면을 들 수 있다. 이는 종래의 백분토론이 대게 생방송으로 이루어져 예상치 못한 상황이나 발언의 기회를 가지기 위한 알력 상황을 자연스럽게 노출하는 재미의 지점을 그대로 살려 백분토론이 가지는 현장감을 더 살려주었다. 게다가 동시간대에 객석에 자리한 관객들은 관객이면서 방청객이 된다.

이 작품에서 배우들은 단 한 번도 관객에게 직접적으로 말을 걸거나 관객의 반응을 유도하지 않지만, 관객들이 객석에 앉는 순간 관객들은 연극의 일부로서 자리하게 된다. 그 어떤 연극보다 관객이 적극적으로 극적 개입을 하는 작품이라고도 볼 수 있는 지점이다.

근원적, 고질적 문제를 토론의 주제로 가지고 온 진짜 이유

연극 '신인류의 백분토론'에서는 그 어느 시대에도 풀지 못한 숙제 '인류의 기원'에 대한 이야기를 창조론과 진화론의 입장으로 나누어 언급한다. 이러한 이분법은 관객으로 하여금 이들의 토론이 갈등 양상을 띠며 충돌하는 모습을 보여줄 것이라는 예상을 가능케 하는데, 공연은 예상대로 패널들의 갑론을박과 갈등, 난장 등을 주된 흐름으로 하여 진행된다. 이러한 광범위하고 추상적인 주제에 대해 과학, 사회, 예술계 저명인사로 구성된 패널들은 자신들의 지식을 뽐내며 상대의 말을 들으려 하지 않는 것이 이 작품의 기본 맥락이다.

이 작품은 왜 이러한 주제를 가지고 왔느냐에 대한 질문을 하지 않을 수 없다. 지식을 전달하려고? 연극을 통해 관객에게 교육적 효과를 주려고? 근원적이면서 고질적인 문제를 토론의 주제로 삼아 결국에는 답을 내지 못하고 끝이 나는 토론으로 작품을 마무리하도록 만든 데는 창작자의 의도가 다분히 드러나는 지점이 아닐 수 없다.

사회자 이름과 어투를 보면 굳이 의미를 찾지 않아도 이 작품 속 등장하는 사회자 신석기가 국민 앵커 손석희를 모티브로 하여 만든 인물이라는 것을 단번에 알 수 있는데 손석희 백분토론이 가진 대중적 이미지를 활용하여 시대 현실을 규탄하고자 의도가 있다고 본다. 손석희의 백분토론은 사회 이슈가 되거나 조명되어야 하는 주제들로 채워져 왔다. 그렇기 때문에 언론인 손석희로 하여금 생산된 방송은 필수 불가결하다는 인식이 있다.

하지만 그의 토론에 출연하는 패널들은 사회 각계의 저명인사들임에도 불구하고 손석희가 생산하는 콘텐츠에 부흥하기 힘들만한 단순하고 졸렬한 모습을 많이 보인다. 토론의 주제에 대한 몰이해, 자신의 견해만을 관철시키려는 언변 등으로 점철되어왔는데, 이것이 오늘의 현실이다. 백분토론의 존재와 그 시도는 그가 하는 방송의 서두와 말미에 나오는 멘트에서 언제나 반복되듯, '더 나은 사회'를 만들기 위함이 분명한데 연극에 등장한 인물들처럼 서로 자신의 이야기를 일방적으로 하거나 이기기 위한, 우위를 선점하기 위한 목적으로 토론장에 나온 패널들은 현실로 인해 방향성을 상실한 상태다.

사실 이 작품에서도 정치적 주제나 시의성 있는 사회적 이슈 주제로 삼아 이를 직간접적으로 언급할 수도 있었을 것이다. 아니 어쩌면 그러고 싶었을 것이다. 그러나 그러지 않았던 이유는 과거 공중파만 언론으로 존재하던 시절에 사회 현실에 대한 공론의 장이라 불렸던 백분토론이 '더 좋은 사회를 만들기 위한 방송'이 아니라 자랑과 싸움으로 점철된 어쩔 수 없는 오늘을 보여주는 응집체라는 것을 여과 없이 드러내는 것이 더 시의성 있다고 판단된 창작자의 의도가 아니었나 싶다.

그렇기 때문에 수 세기 동안 인류가 고민했지만 풀지 못했던, 빠른 사회의 변화에 조금은 뒷전으로 물러나 있던 생물학적 진리를 주제로 내세운 것이라고 생각한다. 이것이 어떠한 사회 이슈보다도 가장 효과적으로 시의적 문제의식을 건드리기 위한 방법이라 판단했기 때문이었다고 본다.

토론보다는 토의가 필요한 시대, 2017 대한민국

하나의 공통된 문제를 해결하기 위해 방안을 내세우는 것이 토의, 하나의 문제 사항에 대해 입장을 두 개로 나누고 자신이 믿는 쪽의 입장을 관철시키는 것이 토론이다.

사회에는 인류가 합심하여 해결하고, 밝혀내야 하는 문제가 무수히 많다. 그러나 우리는, 한국은 방법을 도출하려고 하지 않는다. 주장을 하고, 입증을 하는 데만 혈안이 되어 있다. 생존과 관련한 수많은 문제를 두고 우리는 토의하려 하지 않고 토론만 하는 것이다.

사이보그로 근원된 신인류의 출현과 이에 대한 우려가 현실화 될 지경에 놓인 오늘날 언론인 손석희가 꿈꾼 백분토론은 아마 토론보다는 토의가 중심이 되는 방송이 아니었을까. 그 현실을 고스란히 담아 역설적 주지를 토로한 작품이 연극 '신인류의 백분토론'이라고 본다.

연극 '변신 이야기'

― 국악과 신화의 천생연분

연극은 인생이고 인생이 바로 오늘인데, 오늘만큼 심각한 것은 없다. 하루하루가 치열한데 그 치열함에 대한 이야기까지 치열하게 할 필요가 없다. 심오한 이야기를 심오하게 듣고 싶은 사람은 없다. 나의 심각한 오늘을 흥미롭게 이야기해 주는 게 연극의 소명 중 하나이다.

변신의 공간으로서의 물

매년 여름 바다 근처 숙소는 늘 사람들로 북적인다. 도시를 떠나 휴가를 즐기러 온 사람들이 찾는 휴양지 중 가장 인기 있는 곳이 바다이기 때문이다.

그렇게 보면 동서고금을 막론하고 일상에 지친 사람들이 원하는 힐링은 '물놀이'인 듯하다. 사람들은 물놀이를 할 때 자아를 내려놓는다. 나이가 지긋한 사람도, 지위가 높은 사람도 어린아이처럼 큰 소리로 떠들고 물장구를 친다. 실제로 물 속에 들어가면 중력의 원리에 따라 걸음걸이의 보폭도 더 크게 해야 하고 동작도 크게 해야 소통이 가능하기 때문에 조금은 과장된 몸짓과 말투를 구사하게 되기도 하지만 사람들이 물에 들어가서 아이처럼 변하는 이유를 중력의 원리로만 설명할 수 있는 것은 아니다.

물속은 실재하는 공간이면서도 새로운 공간이다. 모든 게 똑

같은 형태로 보이면서도 물 안에서의 빛의 굴절 때문에 왜곡되어 보이기도 하고, 물 안에서는 가볍게 뛰어도 더 높이 점프를 할 수 있는 신비한 능력을 부여받는다. 그게 물이라는 공간이 거는 놀라운 마법이다. 그렇기 때문에 물속에서 더 원초적이고 본능적인 모습을 드러낸다. 이른바 '변신'한다.

무대에 등장한 수영장

연극 '변신 이야기'에서도 신화의 인물들이 물을 통해 변신을 하고, 이를 핵심으로 극이 전개된다. 이번 작품 변신 이야기는 인간의 갈등과 사랑에 대해 이야기한 열 개의 신화와 두 개의 작은 에피소드가 주를 이루는데 인물의 정서와 행동은 물 안에서 극대화된다.

따라서 이 작품의 가장 핵심이 되는 이미지는 물이다. 그렇기 때문에 무대 전면에는 수영장을 연상케 하는 작은 물 주조가 설치되어 있다. 인물들은 이 수조 안에 들어가서 행동하고 변화한다.

인간의 본성을 설명하는 방식으로 자주 활용되는 원초성

작품이 다루고 있는 이야기가 신화이기 때문인지는 모르겠지만 인물들은 무채색의 옷을 입고 등장해 많은 이야기를 스스로 하지는 않는다. 대신 신화마다 내용을 설명하는 스토리텔러를 배치해두고 이야기의 흐름이나 설명은 그에게 일임한다.

그렇기 때문에 물이라는 공간이 가지는 마법과 그러한 공간에서 일상보다 자유롭게 움직이는 배우들을 보고 있노라면 원초적이기까지 하다. 게다가 인물들이 입은 무채색의 의상 또한 이러한 분위기를 조성하는데 한몫을 한다. 그러므로 이러한 지점은 모든 내러티브의 모태가 되는 신화를 소개하는 방식으로 적합하다고 볼 수 있다.

생소해서 더 알고 싶은 신화

신화는 서양에서 만들어진 이야기인 데다가 창작된 지도 오랜 세월이 흘렀기 때문에 현대의 관객들에게는 굉장히 생소하다. 신화가 가진 이러한 진입장벽 때문에 대중들은 신화를 접하고자 해도 쉽사리 접하게 되지 않게 되는 것이 현실이다.

하지만 신화는 모든 이야기의 근원이 되는 에피소드를 모두 담아내고 있다고 말해도 과언이 아닐 만큼 인간의 정서에 대한 다양한 이야기가 있다. 그렇기 때문에 오늘을 사는 대중들도 신화에 대한 관심을 가지고는 있는 것이다. 그러나 앞서 언급한 이유들 때문에 신화는 아직 대중에게 생소하다. 따라서 전 세계의 창작자들이 신화를 쉽게, 자신의 정서와 정체성에 맞게 각색하는 시도를 하는 것이다.

도전 과제의 실현 가능성

연극 '변신 이야기'는 스토리 텔러를 중심으로 이야기가 전개되는 방식을 택했기 때문에 극의 흐름을 파악하기 위한 정보 이외의 부분은 대사가 아닌 다른 요소들로 채워야 하는 측면이 강하다. 그래서 이 작품에서는 약화된 대사의 자리에 음악을 채워 넣는다. 무대 전방 후면 아래 공간에 세션이 배치되어 라이브로 음악이 연주된다는 점 자체가 소위 '음악에 힘을 주었다.'라는 강한 인상을 주기에 충분하다. 게다가 이번 공연에 출연한 세션은 국악계의 인기 밴드인 '고래야'이다.

고래야는 국악기를 기반으로 하여 각 나라의 토속 악기를 활용한 새로운 음악을 만들어내며 세계 무대를 누비는 팀이다. 실제로 연극에서, 한국에서 무대에 올라가는 수많은 공연들에서 한국 문화로 대변되는 국악과의 콜라보레이션은 수차례 시도되고 있다. 이러한 한국 문화와의 결합은 한국 국적을 가진 예술가들이라면 자신의 정체성과의 문제와 맞물려 한 번쯤 도전해보려 하는 '과제'이기 때문이다. 하지만 아직까지 칭찬들을 만한 작품이 많이 않은 것도 사실이다.

그러나 이번 작품은 신화에 대한 쉬운 이해와 한국적 정서를 이입하는 두 가지 과제를 동시에 실현할 수 있는 가능성을 제시한다. 만일 인물의 말들로 신화의 이야기를 모두 담아내려 하거나 한국적 색채를 가미하고자 기존에 널리 알려진 국악 곡을 전통적인 연주방식을 활용하여 단발적으로 아무 곳에나 삽입하였다면 이 공연은 '짬뽕'이 되었을 것이다. 하지만 이번 작품에서는 신화가 전달하는 메시지를 스토리 텔링 방식으로 최소화하면서 한국적 색채의 표현 또한 새로 작곡된 '한국적 음악'을 사용하였다.

음악의 구성 방식 또한 특징적이다. 몇 개의 곡을 맥락 없이 끼워 넣어 음악의 존재감이 없으면서도 극적 몰입을 깨는 형태의 콜라보레이션 방식에서 벗어나 이번 작품에서는 음악이 드

여기, 그리고 지금

라마의 흐름과 동반자적 진행을 한다. 이는 송스루 뮤지컬과 같은 역할로써 음악이 개입된 형태라고 볼 수 있다. 이는 음악이 이번 공연에서 극적 정서의 흐름을 만들고 작품의 의도를 자연스럽게 부각하는 도구로 활용되어 작품 내에서 음악의 상당한 존재감과 보조자로서의 역할을 동시에 한 바람직한 경우로 평가받을 수 있다.

열 개의 이야기를 지루하지 않게 기억시키는 방법

연극 '변신 이야기'가 열 개라는 적지 않은 내러티브를 다루면서도 지루하지 않게, 그리고 쉽게 이야기를 풀 수 있었던 유인은 대사의 최소화와 더불어 움직임을 강화한 측면도 들 수 있다. 장면의 정서 흐름을 음악이 만들었다면, 그 장면마다 강력하게 전달되어야 하는 방점들은 배우들의 움직임을 최대화하여 미장센을 만들었기 때문이다.

이는 나라를 위해 신탁을 받고자 멀리 떠나는 케윅스를 기다리는 알퀴오네 이야기를 다룬 세 번째 신화에서 가장 두드러진다. 이 장면은 성난 바다와 싸우며 항해를 하는 케윅스와 선원들의 모습이 가장 핵심인데 배우들의 군무를 통해 심하게 흔들리는 배의 형상과 그 안에서 벌어지는 생존의 사투, 그러한 과정에서 일어나는 엄청난 물보라는 실제 무대 위에 디자인된 물이라는 공간에서 실제 '물'로 구현된다. 이러한 미장센을 만든 것은 모두 배우들의 몸과 그들의 움직임이다.

이 부분뿐만 아니라 각 이야기의 색채는 배우들의 움직임과 음악의 정서, 그리고 시시각각 변화하는 조명의 조화를 통해 연출된다. 이러한 반복적인 구현방식은 관객이 작품을 더 편하게 이해할 수 있는 여지를 준다.

이미지를 강조하는 크고 작은 연출의 지점

이 연극이 신화를 다루고 있어 심오한 주제에 대해 이야기하고 서양의 어려운 이름을 가진 생소한 사람들이 등장하지만 어렵지 않은 이유는 이야기가 아닌 이미지를 강조하였기 때문이다. 이러한 노력들은 물을 무대 위로 옮겨와서 구현한 것과 배우의 움직임을 강조한 부분 이외의 지점들에서도 찾을 수 있다. 음악이나 연기 공간을 정확히 나눈 것, 배우들을 무대 위에 관객으로 배치한 것이 바로 그 지점이다.

연기 공간의 경우 신으로 등장하는 인물의 연기 공간을 무대 전면 발코니에 따로 구분하여 인간으로 등장하는 배우들의 연기 공간보다 더 높은 곳에 자리하도록 배치하였는데 이는 신이라는 인물에 대한 환상을 심어줌과 동시에 그가 하는 말의 집중도를 높인다.

또한 연기가 끝난 배우들을 퇴장시키지 않고 마치 관객처럼 다른 인물의 연기를 관람하도록 만든 연출은 무대 위에 배치된 배우들을 통해 메시지를 강조할 또 한 번의 기회가 생긴다는 장점도 있지만, 관객 입장에서는 배우를 바라보는 또 하나의 시선을 볼 수 있다는 점에서 보는 재미가 있다.

여기, 그리고 지금

연극 '실수 연발'
― '언행일치'의 진수

재미있는 이야기는 이미 세상에 나올 만큼 나왔다. 문제는 어떻게 표현하느냐가 문제다. 그런데 새로운 표현의 다른 말은 '시도'이다.

한국 관객에게는 아직 생경했던 셰익스피어의 희곡, 그리고 실수 연발

셰익스피어 작품은 독백, 특히 방백이 많기로 유명하다. 사랑에 빠진 로미오가 쏟아내는 아름다운 단어들과 복수라는 운명 앞에 번민하는 햄릿의 말들이 바로 그것이다.

셰익스피어는 인물에게 부여된 주요한 메시지를 주로 방백을 통해 처리하였다. 그래서 관객들은 셰익스피어 작품에서 방백이 나오는 부분을 눈여겨볼 필요가 있다. 그런데 셰익스피어는 영국 태생으로서 그의 작품은 전부 영어로 쓰여졌기 때문에 번역본을 통해 공연될 경우 작가가 의도했던 말의 맥락이 곡해되기 쉽고, 화려한 수식들로 가득한 특징을 가지는 독백 본래의 아름다움을 잃고 지루함의 대상으로 전락하고 말기도 한다.

특히 희극의 경우 비극보다 대중적 인지도가 낮은 편이고 극적 구조 역시 동양의 정서와 거리가 먼 코미디라는 평가를 받게 되면서 그동안 한국 관객들에게 큰 사랑을 받지 못했던 것은 사실이다. 이번 연극 '실수 연발' 역시 그런 희극 중 하나이다.

연극 '실수 연발', 셰익스피어 대사를 관객의 입으로 말하게 하다!

이번 연극 '실수 연발'은 이러한 과거의 생각들을 바꾸기에는 이미 성공적인 성과를 보였다고 볼 수 있다. 이 작품을 관람한 관객들 다수의 입에서 셰익스피어의 현란한 대사가 바로바로 튀어나왔다는 것이 그 근거이다. 마치 사실주의 연극에서 쉴새 없이 뱉어낸 오늘 우리에 대한 말들을 관객이 쉽게 모방하는 것과 같은 형태다.

가장 자신에게 인상 깊은 한 구절이 가슴 한 켠에 박혀 집에 가는 내내 그 대사를 떠올리며 연극의 잔상 안에서 쉽사리 헤어나오지 못하는 현상과도 흡사하다고 할 수 있다.

한글과 어순이 다른 언어를 한글로 표현할 때 느껴질 수밖에 없는 한계를 가진 번역극, 화려한 수식어들, 장문의 독백, 다른 문화권의 웃음 코드 등 한국의 관객에게 완벽한 몰입을 기대하기에 조금은 거리가 있는 여건을 가진 이 작품이 이러한 조건적 생경함 들을 다 걷어내고 사실주의 연극에서 자주 일어나는 일차적 감화를 주었다는 것은 굉장히 이례적인 일이다. 그럴 수 있었던 것은 이 작품이 가진 표현적 특징인 언어와 행동의 일치를 어떻게 구현할 것인가에 대한 물음을 통해 설명이 가능하다.

동물에 비유된 모사, 그게 바로 살아있는 인간 군상

작품 전체의 표현적 특징은 언어와 행동의 일치를 화두로 표현 방식을 구상하였다. 그런데 일치의 방법을 일원적인 방식으로 제한하지 않았고, 인물의 성격이나 외형, 그리고 그들의 말에 담긴 의미, 극적 역할 등을 고려하였다.

배우들의 연기가 과장되었다고 느껴질 정도로 적극적인 표현을 하였다. 이런 표현은 인물의 특징적 요소를 극대화한 연기 스타일을 적용했기 때문인데 이 과정에서 재미난 상징들을 찾을 수 있다. 각 인물들이 동물에 비유하여 모사되었다는 점이 바로 그것이다. 아마도 수많은 연습과 시도, 고민의 끝에 추출된 결과의 산물이라 느껴진다.

무대 디자인은 연기 동선과 궁합이 잘 맞아야 '케미'가 생긴다

각 인물이 동물에 비유되어 모사되었다는 특징은 인물들의 행동 양상 또한 설정된 동물의 양상을 따르고 있음을 의미한다. 그렇기 때문에 대사와 움직임이 동시에 이루어지는 고난이도의 액팅을 요하는 표현이 구사된다. 게다가 등장인물 수가 많고 그들끼리 만나고 헤어지는 장면들이 빈번하다. 그리고 두 인물이 만나 행해지는 블로킹이나 배우들의 동선은 특정한 연기 구역이 지정된 것이 아니라 매번 바뀐다.

그러기 위해서는 보다 넓은 무대 공간이 확보되어야 한다. 연기를 할 때 쓰는 실제 동선이나 움직임의 폭을 고려했을 때도 그러하고 시각적으로도 그 혼란과 소동을 부각하기 위해서는 세트와 오브제가 가득한 무대보다는 장애물 없는 미니멀한 무대로 디자인하는 것이 훨씬 효율적이다. 무대 삼면에 설치된 회전문 역시 이 작품의 빠른 흐름과 희극적 분위기 조성에 일조한 일등 공신이다.

돌아가는 문은 많은 수의 배우가 빠르게 등장하고 퇴장하는 데 도움을 주기도 했지만, 회전문을 지나가는 배우의 발걸음과 제스쳐에 서 부여되는 특유의 리듬감으로 인해 신체적 움직임을 활용한 코미디 조성을 도왔기 때문이다. 무대 삼변의 색채는 하얀색으로 미니멀한 느낌의 통일성을 부여해주었다.

그런데 이 하얀 벽은 단순히 디자인의 전체적 통일성에만 도움을 준 것이 아니라 작품 전체의 분위기를 이끄는 선두가 되었다. 장면의 정서가 바뀔 때마다 조명의 색채를 다양하게 교체하였는데 이는 특정한 오브제가 없어도, 극적 공간이 바뀌었음을 암시하였고, 극적 공간의 공간성이 조금은 독특한 분위기로 흘러가며 동화적인 느낌의 장소임을 보여주는 좋은 도구가 되었다.

실수 연발에 이은 셰익스피어의 차기 희극은?

셰익스피어의 비극은 플롯의 인지도가 이미 높은 데다가 사건에 서스펜스 삽입 빈도가 높아 극적 이입이 잘 되는 편이다. 그러나 셰익스피어 희극은 그렇지 않다는 것이 셰익스피어 희극이 안고 왔던 지난날의 편견이었다.

그런데 이 작품이 그 편견을 완전히 깨주었다. 배우가 무슨 말을 하는지 잘 알 수 있었고, 코미디적 요소 또한 배우들의 몸을 통한 적극적 움직임 구현과 충돌에서 발생하는 웃음을 통해 자연스럽게 이끌어내므로 관객을 웃기는 데도 성공했다.

그렇기에 이 작품을 시발점으로 셰익스피어의 잘 알려지지 않은 희극들이 한국 무대에도 자주 오르는 날이 오르기를 기대한다.

작가의 말

누구라도 슬픔에 교만해질 수 있다.
'슬픔, 예술, 그리고 나의 격정적 만남 속에서'

오래전, 아주 큰 슬픔에 잠긴 적이 있었다. 그때는 슬픔에 대한 경험치가 지금보다 훨씬 더 적었기 때문에 체감하는 슬픔의 정도가 더 컸다. 아니, 더 적었다. 슬픔에 무지했기 때문에 두려움이 없었다. 그래서 꽤 큰 아픔을 잘도 참아냈다. 정확히 말하면 무엇인지 모르고 견뎌 지나갔던 것 같다.

두 번째 경험한 슬픔은 첫 번째보다는 나았다. 하지만 슬픔을 인지한 순간, 슬픔이 어떤 것인지에 대한 지난 기억이 더해져 느껴야 할 고통은 오랜 과거의 그것에 중량이 더해졌다. 응당 느껴야 했을 고통에 정확히 곱절만큼 아프게 다가왔다.

그런데 세 번째 이후부터 내가 느끼는 슬픔들은 슬프면서도 아름답기 시작했다. 슬픔의 느낌은 모양과 색깔이 달랐다. 슬픔은, 칼날 같아서 매번 새로운 모양의 칼날로 나를 도려내 상처의 모양에 따라 그 흔적의 생김새와 깊이가 달라진다는 사실을 그제서야 깨달았다. 그러는 과정에서 나는 매번 새로운 내가 되어갔다. 어느 순간부터는 슬픔이 찾아왔을 때 아픔에 대한 걱정과 공포 말고도 새로운 나를 기대하게 되었다. 삶에서 예고도 없이 찾아오는 소소한 슬픔의 칼날들에 도리질 당한 나의 모습은 어느새 무방비하게 헤집어진 처절한 모습이 아니라 인생의 드라마틱의 한 장면 속 주인공이 되어 있었다. 그리고 절정의 슬픔, 그 곁에 항상 예술이 있었다. 삶의 절정의 순간에 가장 적절한 응수를 해 주었던 것은 예술이었다. 그래서 늘, 무사히, 슬픔에 맞서고, 이기고, 벗어날 수 있었다. 그래서 이제 나는 슬픔에 교만할 수 있다.

예술을 대하는 자신만의 적극적인 태도가 있는 사람은 누구라도 슬픔에 교만할 자격이 있다. 그러나 작품의 정서를 멀찍이 떨어져 감상하고 증발시키는 소극적 태도의 자세를 가진 이는 절대로 가질 수 없는 자격이다. 예술을 만났을 때 작품과 나의 정서를 이입하며 바라보는 태도가 반복되어야 한다. 그 중에도 연극은 인간의 모습을 가장 원초적으로 표현하는 예술이다. 그러니 연극을 통해 누구라도 슬픔을 이기는 기술을 익힐 수 있다.

이 책을 통해 연극을 만나고 비평을 만난 모든 이들 모두가 슬픔에 교만한 사람이 되기를 바란다. 이 책이 예술과 인생을 마주 놓고 누가 나이고 누가 너인지 분간이 되지 않는 감정 이입이 가능한 감상법을 찾아주는 길잡이가 되어 줄 것이다.

한국 연극으로 시작한 연극 비평집 '여기 그리고 지금'은 첫 번째 책의 탈고가 끝남과 동시에 차기 저서인 유럽 연극 비평을 집필 중이다. 다른 문화권에 사는 사람들의 표현과 정서, 이슈들에 대해 순차적으로 언급할 예정이다.

어디에서 어떤 형태로든 진정한 사랑을 주시는 선생님들께 감사의 인사를 전합니다. 임선옥 교수님, Patrice Pavis 교수님, 최준호 교수님, 제갈윤 교수님 감사합니다. 그리고 두 번째 비평집 발간에 대한 확신을 주신 서충식 교수님, '자신이 무엇을 해야 하는지 절대 잊지 말라.'는 말씀에 부응하겠습니다.

누군가는 버텨주기 때문에 저에게 격정적인 삶이 허락되었다는 것을 잘 알고 있습니다. 인생에 찾아온 곡선을 따라 춤추듯 사는 저를 묵묵히 지켜봐 주시는 가족들께 가장 큰 감사의 말씀을 전합니다.

2018년 10월
마드리드 세르반테스 2번지 집필실에서